AF325998

ÉTUDE

SUR

J.-J. ROUSSEAU

PAR

E. MAILLARD

CHEVALIER DE LA LÉGION-D'HONNEUR ET OFFICIER
DE L'INSTRUCTION PUBLIQUE

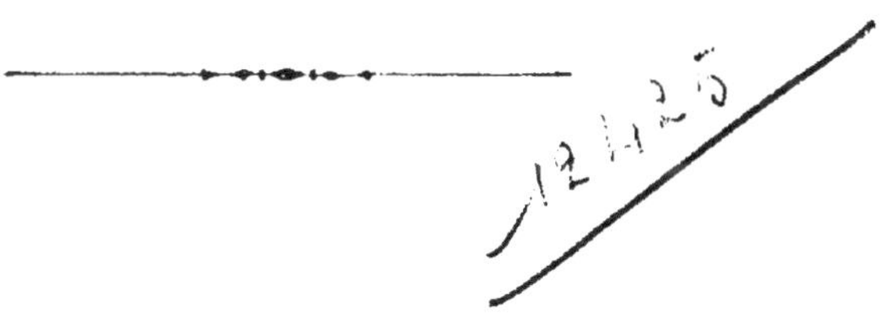

PARIS

IMPRIMERIE DE G. BALITOUT ET Cⁱᵉ

7, RUE BAILLIF

1886

J.-J. ROUSSEAU [1]

SON CARACTÈRE — SES ŒUVRES — SON INFLUENCE

EXPOSÉ

S'il est vrai que le caractère et l'esprit soient deux choses distinctes en l'homme, cette vérité est surtout éclatante dans Jean-Jacques Rousseau, dont l'intelligence est aussi belle que la conduite est reprochable. Type complexe, mélange d'éclat et de ténèbres, de vérité et d'erreur, de force et de faiblesse, de génie et de bassesse, nul écrivain n'est plus difficile à apprécier dans ses contrastes. A chaque instant, la sévérité provoquée par sa doctrine paradoxale diminue devant les services qu'il rend à la société, et le

---

(1) Né à Genève, le 28 juin 1712, mort à Ermenonville (Oise), le 2 juillet 1778; bien que né en Suisse, il est incontestablement d'origine française, car ses ancêtres, qui appartenaient à la religion réformée, étaient libraires à Paris et s'étaient établis à Genève pour ne pas renoncer à la foi évangélique; sa mère mourut en le mettant au monde; son père était horloger.

blâme encouru par sa vie privée s'atténue devant l'admiration qu'inspire son talent. Rousseau est à l'état d'exception dans l'humanité, et ne peut être jugé suivant les règles
communes. Pour se faire une idée exacte de sa personnalité, il faut non seulement lire et relire avec attention ses
ouvrages, mais il faut aussi étudier avec scrupule tout ce
qui a été écrit sur lui; constater où elles se trouvent, la
justesse et l'erreur dans les appréciations; enfin, interroger
les contemporains et confronter leurs témoignages.

Deux choses frappent, tout d'abord, en sa personne : la
première, c'est le désaccord continuel qui existe entre lui
et son siècle : il ne s'encadre pas plus dans son temps qu'il
ne s'adapte à la société, dont il n'a ni les goûts, ni les habitudes, ni les manières, ni les croyances, car il reste pauvre, solitaire, travailleur et convaincu, dans une atmos-
phère de luxe, de plaisirs, d'indifférence et d'oisiveté. La
seconde, c'est la vivante antithèse qu'il présente : homme
de génie, il occupe constamment des situations subal-
ternes; dissolu de mœurs, il prêche avec enthousiasme la
vertu; cœur ardent et prompt à s'enflammer (1), il ne s'attache à aucune des têtes qu'il a aimées; doué de l'abord le
plus sympathique et des goûts les plus simples, il se fait
sans cesse de nouveaux amis, mais, humeur bizarre, il
rompt bientôt avec eux; littérateur illustre, il foule aux
pieds les lettres et les sciences; amant fanatique de la liberté, il lui substitue tyranniquement la règle dans ses
écrits; esprit paradoxal, ses sophismes sont doublés de
bon sens, et sa vigueur de dialectique est d'autant plus
grande qu'il s'est plus écarté de la vérité; imagination
merveilleuse, il vit dans un milieu idéal pour les autres,

(1) « Je n'ai jamais connu dans la vie d'autre bonheur que celui
d'aimer et d'être aimé. » a-t-il écrit.

mais réel pour lui, « *son esprit habite le monde moral*, dit
» spirituellement M. Joubert, *mais non pas l'autre qui est*
» *au-dessus* »; aussi, son organisation excentrique lui sou-
lève-t-elle des admirateurs passionnés et des détracteurs
sans mesure.

Après ce rapide coup d'œil, cherchons, sans nous préoc-
cuper de détails biographiques (1) connus de tout le monde,
l'essence intime de Rousseau ; nous aurons appris ainsi à
le connaître, et nous aurons acquis aussi l'intelligence se-
crète de ses ouvrages, car sa carrière littéraire est tellement soudée à son organisation morale qu'elle en est insé-
parable.

(1) L'ouvrage le plus complet écrit sur Jean-Jacques Rousseau est
celui de Musset-Pathay : *Histoire de la Vie et des Ouvrages de Jean-
Jacques Rousseau.* Paris, 1822, 2 vol. Voir aussi *Jean-Jacques Rousseau,
sa Vie et ses Ouvrages,* par Saint-Marc Girardin, *Revue des Deux-
Mondes,* 1852-1856.

PREMIÈRE PARTIE

ESSENCE MORALE DE ROUSSEAU

Rousseau naquit avec des organes délicats, un caractère impressionnable et malheureux. Tout jeune, il caresse des chimères; son humeur est inégale et impétueuse; il est mécontent de tout et de lui-même; sans goût de son état, sans plaisirs de son âge, dévoré de désirs dont il ignore l'objet; pleurant sans sujet de larmes, soupirant sans savoir de quoi; tour à tour bruyant et joyeux, silencieux, triste et sauvage; difficile à ébranler et à retenir; tantôt ardent au point de dépasser ses camarades, tantôt rêveur au point « *d'aller s'asseoir à l'écart* » *pour contempler la nue fugitive ou entendre la pluie tomber dans* » *le feuillage.* »

La lecture des romans qu'il dévorait, le soir, en son enfance, la contemplation de la nature, d'une beauté incomparable dans un pays de lacs et de montagnes, exaltent son imagination, sans former son jugement, et bien qu'aux romans il fasse succéder les *Œuvres de Plutarque,* qu'il lisait jour et nuit, il avoue que cette première lecture qui, dès l'âge de dix ans, l'a ému jusqu'aux larmes, lui a donné sur le cœur humain des notions bizarres dont l'expérience et la réflexion n'ont jamais bien pu le guérir.

Au point de départ, les conseils de la famille, le dévoûment et l'appui de ses semblables lui font défaut, l'éducation mercenaire qu'il reçoit le blesse et l'irrite; successivement laquais, séminariste, pédagogue, maître de musique, copiste, secrétaire, il n'a véritablement point de profession qui règle ses actions et trace sa carrière; livré à lui-même, il développe indéfiniment, au préjudice de ses autres facultés, sa sensibilité précoce et naturelle et lui donne un tour maladif qu'elle conservera toujours; de bonne heure ainsi l'équilibre est rompu dans son organisation morale, les ressorts de l'âme sont à jamais détendus et affaiblis, et il devient ainsi l'auteur de ses malheurs et le jouet de ses hallucinations.

Désormais une sensibilité voluptueuse, ardente et faible, devient la règle suprême et le guide de sa conduite, et fait de lui un chef d'école; elle lui profitera dans ses ouvrages et lui inspirera les plus sublimes pages, mais elle lui fera commettre, en philosophie et en morale, l'erreur de croire que l'homme naît bon et qu'il doit être abandonné à ses instincts naturels, tandis qu'il naît avec toutes les faiblesses et qu'il a besoin de continuels efforts pour se corriger; enfin, elle sera pour lui la source de tous les égarements de la vie.

En effet, cette sensibilité, cette tendresse que Rousseau persiste à confondre avec la bonté, tient beaucoup plus aux sens qu'à l'âme, elle donne « *ces besoins de l'amour qui dévorent au sein de la jouissance* »; elle échauffe le sang et glace le cœur; elle court, de désir en désir, sans jamais être satisfaite; elle est molle, exigeante, ingrate, cynique, égoïste et pleine d'illusions; elle est incapable de reconnaître le devoir, même dans ce qu'il a de plus sacré, c'est-à-dire envers la famille, et d'accomplir le sacrifice.

« *Sa sensibilité*, disait Hume, qui l'avait pratiqué, intimement et qui lui avait donné l'hospitalité, « *est montée à un degré* » *qui passe tout ce que j'ai vu jusqu'ici, mais elle lui donne un* » *sentiment plus aigu de peine que de plaisir. Il est comme un* » *homme qui serait nu, non seulement nu de ses vêtements, mais* » *nu et dépouillé de sa peau, et qui, ainsi au vif, aurait à lutter* » *avec l'intempérie des éléments qui troublent perpétuellement* » *ce bas monde.* »

Étudier la sensibilité de Rousseau, c'est étudier sa vie entière sous un des côtés les plus saisissants; or, au milieu de ses nombreuses liaisons de femmes, deux figures se dessinent d'une façon dominante, ce sont celles de Mme de Warens et de Thérèse Le Vasseur.

La première rencontre faite par lui est celle de Mme de Warens ; ce fut l'émotion de sa jeunesse et le type qui pesa le plus sur lui. Cette femme était douée des séductions de la naissance, de la grâce, de la bonté et de l'esprit, mais sa tendresse était marquée au coin de l'époque: femme philosophe, volontairement dégagée de la vie conjugale, elle n'a malheureusement plus les vertus de son sexe et elle ne peut apporter à son jeune protégé la direction morale dont il a si grand besoin. Elle a beau lui accorder l'hospitalité, le dévouement, l'encouragement au travail et lui donner jusqu'à son honneur, elle ne lui procurera jamais une éducation saine ; loin de réformer ses penchants dangereux, elles les appuiera par une similitude de tempérament, elle lui versera ces philtres enchanteurs et perfides qui font le ravissement du moment et le regret du lendemain, en sorte que cet attachement est plutôt un malheur pour Rousseau qu'un bienfait de la Providence. Malgré les délices des *Charmettes*, malgré l'enthousiasme avec lequel Rousseau parle des étés qu'il y a passés, sa position y est embarrassée et confuse, parce qu'elle n'y est pas honorable ; bientôt l'ingratitude souille ses lèvres, l'indifférence devient le dénouement fatal de la situation fausse et inavouable qu'il s'est faite auprès d'une femme dont il est à la fois l'élève, l'amant et le valet, et qui lui a fait goûter les charmes de la volupté sans les délicatesses de l'amour. Aussi bien que Rousseau, en quittant ce lieu, dise qu'il y a déposé son cœur, il en part honteux, en lui-même, du bonheur sans dignité et sans pudeur qu'il y a ressenti, et oublieux de celle qui a eu sa tendresse, sans son estime, et dont il osera livrer au public jusqu'aux secrets de l'alcôve !

Le second attachement sérieux de Rousseau est pour Thérèse, qui devient, par une mésalliance indigne de lui, après avoir été sa maîtresse, la compagne de sa vie. Comment s'attache-t-il à cette simple fille d'auberge, qui n'avait ni sa première vertu, ni instruction, ni beauté, ni esprit? C'est encore à la sensibilité à répondre. Thérèse était douce et bonne, lui, gauche, pauvre et enclin aux démonstrations populaires; de plus, la sensibilité exclusive n'est pas naturellement délicate, l'occasion fit le reste. Que de fois, d'ailleurs, n'est-il pas arrivé à la sensibilité, devenue chronique, de se heurter aux plus vulgaires attachements !

Il est curieux d'opposer ici la sensibilité nerveuse et sensuelle de Rousseau à l'organisation vulgaire, mais droite, de Thérèse : tandis que Rousseau se marie sous un faux nom et jette dans un hospice les cinq enfants issus de son union, Thérèse trouve en son cœur l'inspiration maternelle et lutte énergiquement contre les résolutions inhumaines de son époux; elle veut garder et élever ses enfants, et son titre de mère lui suffit pour l'accomplissement de son devoir. Si nous poussions plus loin le rapprochement, nous verrions, d'un côté, Thérèse rester fidèle à sa parole, et Rousseau, au contraire, mener de front sa tendresse avec toutes les rencontres du hasard ; puis, quand la satiété est venue, dire enfin de sa femme ce qu'il a dit de Mme de Warens : « *Je ne l'ai jamais aimée.* »

Quoi qu'en dise Rousseau, entre Mme de Warens et Thérèse, l'avantage est pour celle-ci ; tant il est vrai que le simple sentiment du devoir l'emporte sur les entraînements de la sensibilité.

Encore un coup, la sensibilité maladive, l'émotion voluptueuse, voilà le fond du tempérament de Rousseau, et la nuance se réfléchit sur toute sa vie. Il a apporté cette disposition en naissant, il l'a caressée pendant ses premières années, — de là les sensualités grossières qui souillent sa jeunesse, — et il la développe encore plus tard au contact de ses liaisons de femmes : « *Sa tête,* disait-il lui-même, *était pleine d'un sérail* » *de houris* », et ailleurs : « *Il y avait peu de femmes, même* » *dans les hauts rangs, dont je n'eûsse fait la conquête, si je* » *l'avais entrepris.* » Le propre de ce tempérament, en effet, est d'être puissant à séduire et habile à trouver chez autrui une disposition semblable. On pourrait retracer la galerie des femmes de Rousseau ; qu'on cite Mme d'Epinay, Mme d'Houdetot, Mme de Jully, Mlle d'Ette et les autres, toutes portent le pli de la galanterie et, mariées ou célibataires, ont des amants avoués.

Les voluptueux ne recherchent pas la société des autres hommes, ils s'en isolent : la réalité de la vie est trop froide et trop pâle pour leur sang; ils attendent, à l'écart, des apparitions heureuses, des occasions romanesques ; ils recherchent la poésie des champs et courent après les frissons d'extase que donne la nature ; voyez les types imaginaires et épurés sortis de cette école : *René* et *Amaury*, de Chateaubriand et de Sainte-Beuve (1) ; l'un s'enfonce dans la profondeur des forêts, l'autre s'enfuit sur l'Océan.

Rousseau, lui aussi, fuit les hommes ; il n'a d'entraînement véritable que pour les femmes et la campagne ; s'il trouve des êtres sympathiques, il s'absorbe en eux ; dès qu'il ne trouve plus cette conformité, il les fuit, pour retomber dans son isolement ou pour chercher la vie d'aventures, et bien que les ressources de son esprit lui assurent d'innombrables succès, il n'atteint jamais à la satisfaction de ses désirs.

Cependant, derrière ces sens irritables, de vifs éclairs sillonnent son front, et sa tête renferme une fournaise.

Il est né pauvre, dans un pays de science et de liberté ; son éducation n'a pas été régulière, mais son esprit a reçu en tout temps une forte culture ; de bonne heure il a étudié l'histoire ; les goûts cultivés de Mme de Warens lui ont fait aimer les lettres ; il a lu les philosophes et les moralistes anciens ; il a été séduit par les maximes républicaines des grands hommes de Plutarque et des libres penseurs des seizième et dix-septième siècles ; il a pratiqué les hommes illustres de son temps ; il garde le sentiment des humiliations qu'il a reçues dans la vie ; il est choqué des vices et des désordres de son époque ; il accuse de ses malheurs les institutions humaines et leur reproche d'étouffer les sentiments naturels ; il croit à une prochaine et grande catastrophe sociale ; il voit soulever autour de lui les plus grands problèmes politiques, philosophiques, économiques et sociaux, l'ardeur républicaine bouillonne dans son sein, et il n'hésite pas à se jeter, tête baissée, dans la mêlée.

Il avait trente-neuf ans, quand le succès de son *Discours à l'Académie de Dijon* l'enhardit dans la voie des lettres ; dès ce

(1) Dans son charmant roman de *Volupté* (1834), Sainte-Beuve, élève ici de Rousseau, définit ainsi le caractère de son livre : « Le véritable objet de » *Volupté* est l'analyse d'un penchant, d'une passion, d'un vice même et » de tout le côté de l'âme que ce vice domine, et auquel il donne le ton, » du côté languissant, oisif, attachant, secret et privé, mystérieux et furtif, » rêveur jusqu'à la subtilité, tendre jusqu'à la mollesse, voluptueux enfin. »

jour, il dépose l'épée, les bas blancs et les dentelles, pour prendre la modeste perruque ronde, et adoptant un métier qui ne puisse pas le mener à la fortune, il se fait simple copiste de musique.

Le voilà, désormais, qui, sans trêve et sans merci, va consumer le reste de sa vie à ce qu'il croit être la défense de la vérité, de la justice et de la vertu, comme s'il se jugeait prédestiné à l'accomplissement de la plus haute mission. Il proteste contre toutes les institutions et tous les usages qui l'entourent ; il rejette toutes les lois existantes et veut en créer de nouvelles ; il se prend corps à corps avec son siècle qu'il déteste, et, entraîné par son imagination de flamme, il tente la plus gigantesque des entreprises, en voulant refaire l'homme et la société.

Dans les intervalles, il saisit avec passion la lyre du littérateur dans ses mains de tribun ; il en tire des notes inconnues sur des thèmes inspirés, et il ajoute ainsi les plus beaux fleurons à sa couronne d'écrivain.

Ardent, quoique timide à son grand regret, porté par tempérament à l'hypocondrie et rendu plus irritable encore par une cruelle infirmité, haletant, égoïste et fier, rien ne l'arrête, il écrit sous le souffle du dieu ou du démon qui l'inspire ; il pousse jusqu'à l'indignation son éloignement pour l'oppression ; il ne s'attache ni aux individus, ni aux choses, et, deux fois apostat, il finit par abdiquer son titre de citoyen de Genève. Quoiqu'en rapport avec les illustrations du jour et protégé par deux souverains étrangers, il ne prend pied nulle part, et, malgré le succès croissant de sa célébrité et sa popularité fanatique, il ne recherche ni les louanges, ni la fortune, mais poursuit seulement une estime et une amitié publiques impossibles.

Sa vertu n'est que dans son imagination, aussi s'y attache-t-il avec enivrement ; il a la passion du bien, mais il marche d'erreurs en erreurs, sans même les apercevoir, parce qu'il s'isole des circonstances réelles, qu'il dédaigne les voies tracées et qu'il néglige le devoir. Son esprit de révolte contre un monde où il n'est pour rien, lui imprime un irrésistible élan vers la polémique et la controverse, et lui donne une vanité qui lui enlève tout bonheur pour lui-même et toute bienveillance pour les autres. Quand sa doctrine est trop excentrique, il lui arrive de la restreindre, mais en la défendant toujours ; il pleure sur ses fautes, mais sans s'en corriger.

Attaché exclusivement à ses idées, il ne se courbe devant aucune nécessité; chassé de partout, même de son pays natal, il fuit en laissant après lui comme une traînée de poudre enflammée. Plus que jamais son humeur inquiète lui remplit la tête de fantômes et de chimères; puis, sa raison disparaît, et il meurt, — sans qu'on puisse affirmer si sa mort a été naturelle, ou s'il n'en a pas précipité le moment, — au milieu des solitudes silencieuses qu'il a tant aimées !

Voilà l'homme ; nous l'avons trouvé tout entier dans l'étude de sa sensibilité maladive, dans sa passion pour les lettres et dans sa lutte acharnée avec la société ; apprécions l'écrivain.

SECONDE PARTIE

SES ŒUVRES

ROUSSEAU LITTÉRATEUR, PHILOSOPHE, ÉCONOMISTE, MUSICIEN

Rousseau apparaît dans son siècle avec un caractère natif et distinct qui lui assure une influence particulière. Tandis que les écrivains illustres de l'époque reçoivent les impressions de la société et s'efforcent de plaire à celle-ci, il puise en lui ses moyens d'action, et il excite l'enthousiasme avec les deux armes qui lui sont personnelles : l'éloquence et le sentiment. Avant lui, la littérature est élégante, classique, majestueuse et se lie aux convenances du grand monde ; avec lui, l'imagination prend d'autres aliments : « *Il abaisse l'aristocratie* » *du style*, dit judicieusement Villemain, *et étend le cercle des* » *choses qui peuvent s'écrire* »... « *Il prépare en France et en* » *Europe, ce qui fait la poésie de notre temps, cette mélancolique* » *contemplation de l'homme, dernier fruit des lumières et de la* » *satiété.* »

Comme écrivain, c'est un disciple de Montaigne, de Fénelon (1) et de La Fontaine ; il emprunte à Montaigne le genre simple, naturel, populaire, la manière neuve, éloquente, poétique, pittoresque, féconde, mais il n'a pas son esprit tempéré : il s'inspire en Fénelon du côté tendre, facile, élevé, familier,

(1) Il avait pour Fénelon une admiration si vive que, dans son langage cynique, il disait un jour en pleurant : « *Oh ! si Fénelon vivait, je chercherais à être son laquais, pour mériter d'être son valet de chambre.* »

gracieux, insinuant, sentimental, mais il n'a ni sa délicatesse de langage ni sa foi; enfin, il se rattache à La Fontaine par le goût pour la nature, et malheureusement par les hardiesses cyniques, mais il n'en a ni le bon sens pratique, ni la bonhomie railleuse.

La langue française fait sous sa plume les plus grands progrès; sans en déplacer trop le centre il la régénère et lui donne des confins nouveaux. « *Il a le premier*, dit Sainte-Beuve, » *conféré à notre langue une force continue, une fermeté de ton,* » *une solidité de trame qu'elle n'avait point auparavant, et* » *c'est là peut-être sa plus grande gloire.* »

Doué par excellence du don d'écrire, quoique souvent imitateur, sa prose féconde a un rythme inconnu, son style est plein, vigoureux, grave et harmonieux, et son *Essai sur l'origine des langues et sur le principe de la mélodie* annonce, par son titre seul, que, dans sa pensée, il unissait indissolublement la parole et la mélodie ; le seul reproche qui puisse être adressé à sa phrase, c'est d'être quelquefois tendue jusqu'à être emphatique et déclamatoire.

Il avoue qu'il avait le travail pénible et il cite à ce propos ses manuscrits raturés; mais son style, loin de se ressentir des efforts qu'il a causés, se dégage plus pur, plus clair, plus naturel et plus facile, quand il lui donne la correction suprême ; quelquefois même il arrive que la précision et la vigueur se détachent à l'instant d'une phrase qui, par un calcul habile, était torturée au début.

Malgré les sauvageries de Rousseau, il est impossible de trouver une organisation plus littéraire que la sienne ; sa passion la plus vive est celle des lettres ; il leur confie tout : ses peines, ses amours, ses espérances, ses inquiétudes, ses colères sociales, ses aspirations politiques, ses idées folles ou sublimes ; il écoule sa vie à les étudier, soit dans la solitude, soit au contact des lettrés illustres ; il cherche enfin à faire passer dans son style toutes les émotions qu'il ressent.

Même au milieu de la vie de société, il s'exerce sans cesse au travail, comme on peut en juger par le simple récit par lui fait d'un automne passé, en 1747, au château de Chenonceaux, chez Mme Dupin : « On y fit beaucoup de musique ; j'y composai » plusieurs trios à chanter, pleins d'une assez forte harmonie.

» et dont je reparlerai peut-être dans mon supplément. On y
» joua la comédie ; j'y en fis en quinze jours une en trois actes,
» intitulée : *l'Engagement téméraire*, qu'on trouvera parmi
» mes papiers, et qui n'a d'autre mérite que beaucoup de
» gaieté. J'y composai d'autres petits ouvrages, entre autres
» une pièce de vers intitulée : *l'Allée de Sylvie*, du nom d'une
» allée du parc qui bordait le Cher, et tout cela se fit sans
» discontinuer mon travail sur la chimie et celui que je faisais
» auprès de Mme Dupin. »

Mais signalons que son véritable début dans les lettres est
tardif, ce qui lui procure l'avantage de se produire avec une
fécondité exceptionnelle, de montrer, dès l'apparition, un
esprit exercé par l'étude et une richesse acquise de sentiments
et d'idées.

Parmi les quatre grands écrivains que fournit le dix-huitième
siècle : Voltaire, Montesquieu, Buffon et Rousseau, celui-ci
prend une place à part ; à Voltaire, la verve étincelante et le
style vif et coulant ; à Montesquieu, la sûreté et la prudence du
savoir, et l'autorité de la phrase ; à Buffon, la majesté, la
noblesse, la clarté de la prose ; à Rousseau, l'honneur d'introduire dans le langage le sentiment, l'émotion, la logique
enflammée, d'écrire avec l'âme, cette puissance qui agit le plus
sûrement sur les masses, même en exprimant des erreurs.

A ce propos, Byron a dit de lui avec raison : « *Qu'il a donné à*
» *la folie l'apparence de la beauté et recouvert des actions ou des*
» *pensées d'erreur avec le céleste coloris des paroles.* »

Aussi éloquent par le bienfait de la nature que par les ressources du travail, narrateur plein de charme, novateur spécu-
latif, moraliste ardent, philosophe austère, publiciste dogmatique, esprit toujours ému au souffle de l'art, Rousseau, en tant
qu'écrivain, peut être envisagé à quatre points de vue : comme
littérateur, comme philosophe, comme économiste et même
comme musicien ; considérons-le à ces divers aspects.

I

L'art d'écrire, au dix-huitième siècle, est puissant et à la mode, et l'intérêt de notre littérature s'étend dans toute l'Europe : « *L'esprit des lettres fait partie de l'esprit du monde, le re-* » *produisant à la fois et l'excitant ;* » c'est le caractère distinctif du temps : l'esprit y est le vrai souverain, et la littérature en est la principale expression. Durant la dernière moitié de ce siècle, qui frappera bientôt le monde entier d'épouvante, après l'avoir ébloui et conquis par toutes les séductions de l'intelligence, cet esprit, avec son animation et son originalité, se manifestera dans les nombreux salons, où se pressent courtisans, financiers, abbés, écrivains et femmes brillantes ; c'est là qu'éclateront tous les raffinements de la parole gracieuse, au sein d'une société sur le point de périr.

C'est à ce moment qu'intervient Rousseau.

Comme littérateur proprement dit, Rousseau est le premier et le plus influent romancier pour la magie du style ; père de la littérature intime, de la peinture d'intérieur et de la rêverie, la sensibilité et le naturel s'unissent en ses tableaux avec un art infini. Dans sa narration, l'âme palpite et soupire, et les détails les plus simples de la vie domestique se revêtent d'un charme attendrissant ; même dans les plus délicieuses situations, son pittoresque est ferme, sobre et net, et la lumière et la couleur portent juste sur l'objet qui doit les recevoir. Il sait communiquer le frisson de ses émotions, et dégageant le lecteur de toutes les entraves ordinaires de l'étiquette, il lui sert en tête-à-tête le plus enivrant des breuvages. La fascination qu'il exerce est si puissante que, sans s'en douter, on traverse avec lui les plus humbles sentiers de la vie, en face des plus splendides horizons.

Rousseau est aussi le révélateur du sentiment voluptueux ;

c'est lui qui, le premier, nous a initiés aux séductions et aux troubles enchanteurs de la volupté. Quelles délices et quels ravages ce sentiment n'a-t-il pas causés, depuis, dans la société entière! Quelles ravissantes pages n'a-t-il pas inspirées à l'écrivain de Genève et à ses heureux imitateurs! Quelles ressources pour rendre l'émotion pénétrante! Quelles nuances infinies réservées aux mystères du cœur, mais aussi quels dangers! Ce qui rend ce sentiment tout-puissant chez Rousseau, c'est le côté humain et vrai sous lequel il le produit, de telle sorte que le lecteur se revoit, hélas! dans ce qu'il lit et trouve comme une excuse momentanée de ses fautes, dans la rencontre fortuite de cette vivante image de lui-même. Ne cherchons pas le côté moral de ce genre d'émotion : Rousseau promène le charme sur la passion, comme d'autres le font sur le serpent; la coupe est remplie de poison, quoique la boisson soit d'un goût exquis, et celui qui nous la présente s'est épuisé lui-même à la vider, sans arriver jamais à la paix du cœur et de la conscience. C'est une dangereuse sirène que la volupté, car il y a un courant entraînant et fatal de cette sensibilité de l'âme aux impuretés du sang, et Rousseau subit, dans sa conduite, les tristes conséquences de cette fatale alliance.

Faut-il s'étonner de l'enthousiasme romanesque que développe autour de lui cette évocation des mystères de l'âme? Le retentissement en est surtout sensible chez les femmes, dont il ravage l'imagination naturellement impressionnable et qui prennent des fantômes pour des réalités; toutes croient se reconnaître dans ces types séduisants tracés par le maître, et, sortant de leur rôle discret, se font servilement tributaires de sa gloire.

Rousseau n'a pas seulement introduit dans la littérature la mélancolie, la tendresse sentimentale et intime, la rêverie et l'émotion voluptueuse, il a aussi appris et révélé l'impression champêtre, le goût des champs : il a le sentiment de la nature et le sens de la réalité, tandis que ceux qui l'ont précédé : — La Fontaine, Fénelon et Mme de Sévigné, — n'ont été, sur ce terrain, que des écrivains descriptifs. Il agrandit même l'horizon, en nous découvrant la Suisse et en nous donnant, le premier, l'idée des grandes beautés sauvages et naturelles. Ses descriptions de la campagne sont faites avec une naïveté de cœur, une fraîcheur d'imagination, une sève de jeunesse et une vérité de touche qui les rendent incomparables. La nature a pour lui des rayonnements qui nous la feraient aimer malgré nous, et le prestigieux écrivain promène la rêverie attrayante et voilée à travers les enchantements des détails. Aussi quel parti ne saura-t-il pas tirer des ruisseaux, des brises tièdes de l'automne, de la chute des feuilles, du son des cloches, de l'éclat du jour, du chant des oiseaux ! « *Je dispose en maître de la nature entière* », s'écrie-t-il, et, en effet, il a fallu que les impressions exercées sur lui par le monde extérieur fussent bien vives et bien profondes pour qu'en son âge avancé il conservât intactes celles de la jeunesse. Sur le terrain de la campagne tout l'électrise et met en lumière son sublime talent d'observation, et il n'est pas jusqu'au simple *voyage à pied*, dont il excelle à dépeindre les agréments et les ressources, qui ne lui fournisse les plus charmantes inspirations et qui ne lui fasse de si nombreux partisans que les grands seigneurs de son temps quittent les belles allées de leurs jardins pour les sentiers à travers champs. Il en est de même des fleurs : il les étudie avec passion et entraîne vers elles le goût général ; on les entoure de soins, on regrette de ne pas les avoir appréciées plus tôt, et sa *Botanique* a les honneurs du boudoir. C'était, sans doute, comme témoignage extérieur d'une sympathique admiration pour l'homme qui avait passé sa vie à contempler et à décrire la nature, que Rousseau se prosterna un jour en entrant dans le cabinet de Buffon et qu'il en baisa le seuil.

Disons-le sans hésitation, Rousseau est essentiellement un artiste, c'est comme style, comme émotion et comme pinceau, qu'il a droit à la plus juste admiration ; là, son génie, qui n'a pour ailes et pour appui que son imagination et sa sensibilité, atteint à la plus grande hauteur à laquelle l'homme puisse s'élever.

Il nous reste à apprécier ses deux principaux ouvrages littéraires (1) : les *Confessions*, qui ne parurent qu'après sa mort et qui contiennent l'histoire, plus ou moins contestée, de sa vie

_____

(1) La classification des œuvres de Rousseau est difficile en dehors de l'ordre chronologique, parce que presque toutes contiennent des éléments mixtes ; cependant, on peut considérer comme travaux purement littéraires : les *Confessions*, la *Nouvelle Héloïse*, les *Mélanges* comprenant la littérature

jusqu'en 1765, et la *Nouvelle Héloïse* (1760, Amsterdam ; 1761, Paris).

Ce n'était pas une hardiesse sans précédent que la révélation de soi-même, car Rousseau avait pour exemple le sublime travail de saint Augustin ; mais c'était une audace toute démocratique que d'écrire au point de vue auquel il se plaça, c'est-à-dire, non pas avec la pensée de s'humilier devant ses défauts, mais de s'enorgueillir en quelque sorte de ce qu'il pouvait avoir même d'odieux. « *J'avais toujours ri de la fausse naïveté de* » *Montaigne qui, faisant semblant d'avouer ses défauts, a grand* » *soin de ne s'en donner que d'aimables, tandis que je sentais, moi* » *qui me suis toujours cru et qui me crois encore, à tout prendre,* » *le meilleur des hommes, qu'il n'y a point d'intérieur humain,* » *si pur qu'il puisse être, qui ne recèle quelque vice odieux.* »

Quand on compare les *Confessions* du fils de l'horloger de Genève à celles du fils de Monique, on voit qu'ils n'ont pas craint de peindre tous les deux le trouble des sens, et ils ont bien fait, car tout ce qui touche à l'homme est un sujet précieux d'étude et de méditation pour l'homme, mais le point de vue auquel ils se placent est différent. Saint Augustin a une parole pudique, sans que sa réserve soit de la froideur ; il décrit ses fautes avec une énergie développée par le repentir, mais avec la décence du style chrétien ; il est vrai et hardi, sans être jamais effronté ni cynique ; quoique son cœur soit encore ardent, il domine ses émotions et moralise en racontant ; il parle de ses amours, mais avec une réserve mêlée de honte ; enfin, il exalte les plus nobles sentiments de l'humanité. Chez Rousseau, au contraire, la plume a des écarts libertins, le style est souvent privé de chasteté. Ce n'est point un homme repentant qui s'accuse, c'est un romancier qui cherche à embellir ses souvenirs ; ce n'est pas un pécheur qui révèle ses fautes pour l'édification de ses semblables, c'est un auteur qui s'efforce de charmer le lecteur ; ses récits les plus ravissants renferment parfois des passages grossiers et des expressions honteuses ; les femmes qu'il vante ont la sensibilité dangereuse de l'époque ; les bour-

variée, c'est-à-dire les *Rêveries du promeneur solitaire*, les pièces de théâtre et les poésies, qui sont en général faibles, y compris le *Verger des Char-mettes* et l'*Allée de Sylvie*; enfin, la *Correspondance* qui se compose d'environ mille lettres.

rasques misanthropiques qui éclatent à chaque instant dans sa tête montrent qu'il n'a d'estime ni pour les hommes ni pour les principes qui les font agir, et on en vient à se demander comment il peut avoir l'air d'accomplir une œuvre *utile* en écrivant.

Ce blâme juste et sévère fait au plan et à la direction morale de l'ouvrage, les *Confessions* renferment, dès le début, les plus ravissantes pages sur la vie intime et familière, et reflètent les nuances sentimentales les plus touchantes ; une grâce ineffable se glisse dans ces tableaux où la jeunesse de l'auteur a d'autant plus de charme qu'elle est racontée à l'âge où elle s'embellit des regrets qu'elle excite. Si le récit des voyages et des promenades de Rousseau se résume parfois en véritables traits de débauche et en sales amours présentées pour des affections, il contient aussi parfois des scènes touchantes comme des idylles et naïves comme des pastorales. Rien n'égale comme fraîcheur et comme allégresse la description de la vie de Rousseau aux *Charmettes* ; c'est là que se développe dans tout son éclat sa prestigieuse valeur comme littérateur, c'est là aussi que se révèle chez lui le sentiment voluptueux qui sera si dominant désormais : « *Je me levais avec le soleil, et j'étais heureux ; je me*
» *promenais, et j'étais heureux ; je la voyais* (Mme *de Warens), et*
» *j'étais heureux ; je la quittais, et j'étais heureux ; je parcourais*
» *les bois, les coteaux, j'errais dans les vallons, je lisais, j'étais*
» *oisif, je travaillais au jardin, je cueillais les fruits, j'aidais au*
» *ménage, et le bonheur me suivait partout : il n'était dans aucune*
» *chose assignable, il était tout en moi-même, il ne pouvait me*
» *quitter un seul instant. Rien de ce qui m'est arrivé pendant cette*
» *époque chérie, rien de ce que j'ai fait, dit et pensé tout le temps*
» *qu'elle a duré, n'est échappé de ma mémoire.*

» *Les temps qui précèdent et qui suivent me reviennent par*
» *intervalles ; je me les rappelle inégalement et confusément, mais*
» *je me rappelle celui-là tout entier comme s'il durait encore. Mon*
» *imagination qui, dans ma jeunesse, allait toujours en avant, et*
» *maintenant rétrograde, compense par ces doux souvenirs l'espoir*
» *que j'ai pour jamais perdu.* »

Dans tout le cours de l'ouvrage, de regrettables ombres se projettent de temps en temps sur les parties les mieux éclairées des tableaux de Rousseau, et son inspiration est tantôt saine tantôt maladive. Il persiste, sans pudeur et sans remords, à se confesser tout haut de ses tendresses et de ses folies, il va jusqu'à outrager les mœurs, et, malgré tout, son récit d'une vie, qui n'a pourtant rien de grand, cause des ravissements indicibles et excite une invincible sympathie ; il promène le lecteur entre les impressions d'admiration pour son style, d'attendrissement pour sa rêverie, d'émotion enivrante pour l'intimité de sa pensée, et de pitié pour sa personne et pour les égarements de son jugement.

Si jamais l'observation de Buffon : « *Le style est l'homme même* », a trouvé son application exacte, c'est par excellence dans cet ouvrage. Les *Confessions* montrent aussi bien la puissance littéraire de Rousseau qu'elles font ressortir son manque de caractère, son défaut d'éducation, son humeur difficile, son orgueil misanthropique et sa volupté sans frein. Quoi qu'il en soit, et bien que les *Confessions* puissent être considérées comme le plus immoral de ses livres, c'est peut-être le plus immortel à cause du génie original qui plane sur ses pages ; c'est la valeur littéraire de Rousseau dans ce qu'elle a de plus vivant et de plus saisissant, voilà pourquoi il est impérissable.

Rousseau est bien plus poète dans sa prose que dans les vers qu'il faisait dans sa jeunesse pour ses premiers opéras et ses comédies, car il a acquis, depuis, l'expression du sentiment ; dans ses *Confessions*, les portraits deviennent frappants de ressemblance et d'esprit, les descriptions saisissantes de vérité, le talent de narration est poussé jusqu'au suprême degré, la nature est admirablement comprise, les détails les plus simples touchent au pathétique, la mélancolie s'attache aux plus petites choses, et le charme tient bien plus aux émotions du narrateur qu'aux événements de sa vie.

A propos du sentiment de la nature et de l'expression des émotions du cœur, nous aurions pu citer encore une autre œuvre posthume de Rousseau : les *Rêveries du promeneur solitaire* (1782), livre écrit au temps où il était le plus malheureux, divisé en promenades au lieu de chapitres, et dans lequel il se laisse aller à toute sa tendresse pour la campagne. Quoique cet ouvrage ait eu moins de retentissement que les autres, qu'il révèle un esprit fatigué, et qu'on n'y retrouve pas le même éclat dans les images, on y rencontre toujours une grande puissance de style et un ardent amour des champs; aussi a-t-il exercé, de son côté, une influence réelle sur la littérature française, et Villemain, en parlant du premier livre de Chateaubriand (1796), où il retrouve des traces de la mélancolie du *Promeneur solitaire,* signale combien cet écrivain, malgré l'originalité native de son esprit, était alors imprégné des idées et des sentiments de celui qu'il appelait *le grand Rousseau.*

Nous avons été si habitués, nous autres hommes de la première partie de ce siècle, au culte de l'idéal; nous avons tant aimé cette littérature intime transmise avec un grand talent par l'école de Rousseau et refoulée aujourd'hui par les tendances froides, positives et même naturalistes du temps, que nous ne pouvons manquer de nous incliner devant celui qui la créa et qui marqua la langue française d'un cachet qu'elle a toujours gardé depuis.

Pour un homme comme Rousseau, dont la pensée intime avait toujours besoin de se formuler au dehors, il était nécessaire d'écrire un livre inspiré par le souffle de la volupté et dans lequel, associant ses sentiments à ses souvenirs, il essaierait de se consoler du stoïcisme qu'il s'était imposé en se faisant écrivain et de se venger de son regret de vieillir, sans avoir suffisamment dépensé la tendresse maladive qui le dévorait. Ce livre, son premier grand ouvrage, fut la *Nouvelle Héloïse.*

Malgré le portrait assez peu flatteur que Rousseau nous a laissé de Mme d'Houdetot, dont il était alors éperdument épris, il en fit l'héroïne de son roman.

L'ouvrage a des beautés et des défauts qu'il importe de signaler.

Mais, auparavant, un mot sur le roman jusque-là. Avant Rousseau, la passion ne jouait encore aucun rôle dans le roman; la galanterie est, en effet, d'essence aristocratique, tandis que la passion appartient au peuple. C'est désormais celle-ci qui triomphera et qui sera l'idéal nouveau. Sous Louis XIV, l'amour est un sentiment délicat, produit exquis de la civilisation, il a ses règles et son programme sévères; Rousseau apparaît, et cette étiquette tombe, ainsi que les hardis badinages de la Régence; le sentiment de la nature et celui de la passion éclatent en même temps, l'élément démocratique s'introduit dans la littérature : Saint-Preux et Julie, les deux principaux personnages de la *Nouvelle Héloïse,* ne sont pas de la même classe sociale.

Avec Rousseau le roman, qui n'avait guère été qu'une simple narration de faits, prend donc une allure nouvelle : les faits deviennent la partie la moins importante, et la peinture des mouvements intimes de l'âme les remplace, comme elle remplace aussi l'amour licencieux ; le roman atteint ainsi les proportions de la poésie dramatique. La conséquence de ce changement est de faire perdre aux personnages le caractère de la vie réelle et de les placer dans un milieu idéal.

Ce procédé procure à Rousseau l'occasion de développer les plus grandes beautés de style, de peindre la passion en traits de feu, d'écrire des pages d'une poésie saisissante, de représenter les secrets mouvements du cœur, que la parole est si impuissante à reproduire ; mais, en revanche, il a le tort d'apporter dans l'ouvrage une uniformité regrettable, en refoulant la nature habituelle pour y substituer des impressions toujours exaltées. Il en résulte que le style de la *Nouvelle Héloïse* est parfois déclamatoire, que l'idée y joue souvent un trop grand rôle, au lieu du fait, que le vide y tient trop la place du réel, et que le roman est sans invention.

Rousseau a eu le tort aussi de glisser dans l'ouvrage un cours de morale et de donner ainsi à ce roman un caractère dogmatique qui gêne le lecteur. Si encore la morale était pure ! mais non ; Julie, que Rousseau veut opposer comme exemple aux femmes de son temps qui manquent à leurs devoirs, nourrit non seulement en elle les passions les plus agitées, mais elle parle et raisonne des plaisirs de l'amour comme si elle les connaissait ; malgré l'intérêt qui s'attache au rôle de Wolmar, la raison le repousse ; sous le prétexte d'un appel à la conciliation entre les incrédules et les croyants, Rousseau fait la belle part au sceptique et même à l'athée, enfin, il se complaît dans les paradoxes, en combattant et défendant le duel et le suicide avec la même énergie.

La *Nouvelle Héloïse* est l'imitation visible de *Clarisse,* de Richardson, à qui Rousseau avait réservé un véritable enthousiasme, mais si, pour le style, l'ouvrage français est supérieur au roman anglais, il lui est inférieur sous le rapport de la variété des situations et de l'originalité des personnages ; l'un est le miroir universel de la société, l'autre n'est que celui de Rousseau.

Malgré ces défauts, le livre, plein de talent, eut un succès fanatique parmi les femmes et les jeunes gens, qui restèrent sous le charme poétique du roman ; on s'exalta pour des héros qui comprenaient si bien l'amour, sans être libertins ; on ne chercha pas à analyser l'ouvrage, et il a fallu bien des années pour qu'un jugement impartial intervînt sur son compte.

On peut affirmer que la *Nouvelle Héloïse* exerça une impression regrettable sur les imaginations qu'elle avait séduites, mais il ne faut pas oublier qu'à l'époque où elle parut, le cynisme et la gouaillerie s'affichaient partout sans retenue, et que le mariage même se combinait le mieux du monde avec la galanterie.

II

Étudions maintenant Rousseau comme philosophe.

Dès la seconde moitié du dix-huitième siècle, les hommes d'action disparaissent devant les hommes de pensée. L'autorité a perdu une grande partie de sa puissance ; la religion n'est plus un frein universel ; le doute mine les convictions ; les lumières sont répandues ; les écrivains du seizième siècle ont popularisé la Grèce et Rome ; les jugements sont faciles et indépendants ; les tendances du bel ouvrage de Montesquieu, *l'Esprit des lois,* sont déjà dépassées. Les philosophes ne sont plus, comme autrefois, des hommes exclusivement austères et s'efforçant de créer des systèmes aux parties bien coordonnées ; ce sont des écrivains sérieux, mais surtout brillants, reflétant l'esprit de la société légère et frivole dans laquelle ils vivent, n'ayant entre eux aucun accord, et dont chacun se contredit sans cesse. La philosophie est instable, multiple ; elle parle toutes les langues et s'associe à la politique ; elle est sceptique et railleuse, et laisse à la religion toutes les questions fondamentales. Les hommes de lettres ont des entraînements irrésistibles vers la polémique ; ils recherchent les succès de la correspondance et de la conversation ; au lieu de diriger le mouvement des mœurs et de l'esprit, ils y obéissent ; ils suivent le cours général des idées, ils ont, en un mot, tous les symptômes de la maladie du temps.

Voltaire se contente de reproduire le doute de Locke sur *la possibilité pour le corps de penser;* Condillac, malgré ses convictions religieuses a une métaphysique sensualiste qui ne fait pas sortir un grand profit de sa démonstration *de l'indivisibilité de l'âme;* Helvétius, d'Holbach, Diderot, d'Alembert et Grimm sont matérialistes et athées, et élèvent dans l'*Encyclopédie* un monument à leur incrédulité ; comme Buffon et les autres collaborateurs de cet ouvrage ils s'engagent bien plus dans la voie de la science et de l'économie que dans celle de la philosophie, tout en restant attachés au dogmatisme naturaliste ; le spiritualisme a disparu.

C'est dans ce milieu que se produit tout à coup Rousseau, sans préjugés de parti ni d'école, et avec la volonté d'épurer la morale, de changer l'ordre politique et de ramener dans les voies de la nature l'homme égaré dans celles d'une fausse civilisation ; il débute, comme l'avait fait Montesquieu, dans une thèse académique.

Il s'engage avec la passion propre à son tempérament et l'élégance particulière à son esprit : il frappe avec une verve démocratique et une colère amassée dans la solitude, et il s'attaque à la fois à la philosophie et aux lettrés grands seigneurs.

Son *Discours à l'Académie de Dijon* sur les lettres et les arts (1749) fut son entrée dans la lice, et l'on sent à ce premier coup, combien était vif en lui le désir d'opposer une morale — fût-elle chimérique, — aux empiétements du dogmatisme sensualiste du temps. Examinons ce travail.

« *Le rétablissement des sciences et des arts a-t-il contribué à* » *épurer ou à corrompre les mœurs ?* » Rousseau résout la question dans un sens défavorable aux lettres et aux arts. Le parti adopté par lui n'était pas nouveau ; les plaintes contre la science étaient déjà formulées dans les dialogues de Platon ; les

poètes latins aussi avaient souvent défendu la cause de la barbarie contre la civilisation ; enfin, Montaigne avait dit : « *Les*
» *exemples nous apprennent que l'étude des sciences amollit et*
» *effémine les courages plus qu'elle ne les fermit et aguerrit.* »
Quel qu'ait été le motif de sa détermination, Rousseau, dans son Discours, a une intention générale et une intention particulière : la première est bien de montrer que la culture des sciences et des arts entraîne la décadence des mœurs, mais la seconde, et probablement celle dominante, est d'attaquer les philosophes du siècle et de se faire un rôle à part. Cette dernière intention est exprimée en plusieurs passages, et pour la faire mieux ressortir, il cite en note les paroles de Montaigne sur les gens d'esprit qui se font les parasites des grands seigneurs « *métier messéant à un homme d'honneur.* » Il reproche à ces philosophes de faire des écrits scandaleux et de saper les fondements de la foi.

Inutile de discuter ce travail qui constitue, d'un bout à l'autre, une série de paradoxes évidents. La société est la plus sacrée des réalités et ne peut être sérieusement attaquée ; le procès de la civilisation et par conséquent des lettres et des sciences, qui en sont filles, est depuis trop longtemps gagné pour qu'il faille y revenir.

« *La question,* dit Villemain, *n'en était pas une ; car il faut en*
» *sortir pour y répondre, et elle ne renferme pas les vrais termes*
» *du problème. Qu'est-ce, en effet, que les arts, et surtout que les*
» *lettres, séparés des sentiments et des idées qui les font naître ?*
» *Ne faut-il pas que les mœurs d'un peuple aient précédé sa litté-*
» *rature ? Et cette littérature même, n'est-elle pas un produit et*
» *une forme de ses mœurs ? La littérature est mauvaise, quand la*
» *société est mal constituée, faible, corrompue ; de même qu'un*
» *homme dit de mauvaises choses quand il a un esprit faux et un*
» *mauvais cœur. Au lieu de résoudre une question mal posée, il*
» *eût mieux valu la retourner ainsi : Quelle est l'influence de*
» *l'état social et des mœurs sur le progrès ou l'abaissement des*
» *lettres et des arts ? Alors, au lieu de ce blâme ingrat et décla-*
» *matoire jeté sur les lettres en général, il eût fallu les montrer*
» *souvent pures et sublimes, sauvegarde des mœurs qui les inspi-*
» *rent et gloire de la nation qui les cultive.* »

Quoi qu'il en soit, et comme personne n'a plus aimé les lettres que Rousseau, il est à croire qu'il ne décida contre elles la question sophistique de l'Académie de Dijon que pour avoir l'occasion facile de combattre, d'une façon démocratique, les vices du temps ; ce qui tendrait à le faire croire, c'est que, tandis qu'il écrase les lettres et les sciences dans son Discours, il leur fait grâce dans la discussion et reconnaît qu'elles ne pourraient être supprimées sans danger; c'est qu'aussi, dans sa réponse au roi de Pologne, il se montre moins exclusif, et se contente de considérer comme impossible le retour à l'état de nature d'une société civilisée ; enfin, c'est qu'il ajoute : « *Lais-* » *sons les sciences et les arts adoucir en quelque sorte la férocité* » *des hommes qu'ils ont corrompus.* » Mais sa tête était si montée et son irritation si grande, qu'il se contenta de quelques par-celles de vérité pour mettre en avant les plus grossières erreurs : il y eut, là, explosion de son génie préparant une révolution politique et sociale.

Ne soyons donc plus étonnés de le voir soutenir les plus étranges principes. Il tonne contre le luxe et la dissolution des mœurs qui entraînent la corruption du goût ; il attaque les arts et les sciences qui énervent le courage, enlèvent les vertus militaires et nuisent aux qualités morales ; il blâme l'instruc-tion des collèges, où la jeunesse apprend tout excepté ses devoirs ; il encourage les exercices du corps ; il sévit, sans en signaler les bienfaits, contre l'imprimerie, tout en ayant la sagacité de prévoir que la liberté de la presse inquiétera bien-tôt les gouvernants ; il pousse à la destruction des livres, comme si, en les détruisant, on anéantissait l'esprit humain ; il exige que le travail soit dirigé exclusivement dans le sens d'un métier et qu'il ne produise jamais ni la fortune, ni la distinction entre les hommes, et il enlève ainsi, par un renver-sement de la morale chrétienne, tous les dédommagements que la Providence a réservés aux efforts de l'humanité ; il de-mande le nivellement intellectuel, puis il termine par cette sentence élevée : « *La vraie philosophie c'est de rentrer en soi-* » *même et d'écouter la voix de sa conscience dans le silence des* » *passions.* »

Ce discours eut un succès immense ; les vérités sévères qui trouvaient leur application à l'époque firent oublier la généra-lité des termes et amortirent l'effet des paradoxes ; l'étonnement tint lieu de l'estime ; enfin, la hardiesse des affirmations, la beauté du style, l'indépendance de l'auteur excitèrent l'intérêt et dominèrent le scandale, et, quels qu'aient été plus tard les sarcasmes de Voltaire, le morceau fut couronné par l'Académie.

Nous avons insisté sur ce discours, parce que Rousseau s'y montre tel que nous le retrouverons plus tard, c'est-à-dire opposant la simplicité primitive au raffinement des mœurs, évoquant la conscience contre l'abus du raisonnement, immolant tout aux idées qu'il défend, et cherchant à donner à ses systèmes une apparence de clarté et de certitude, sous une forme semblable à celle des sciences exactes, qui étaient à la mode du jour.

L'occasion se présenta bientôt pour Rousseau de faire ressortir davantage son orgueil républicain et son mépris pour le siècle. La même Académie mit au concours, en 1753, une question plus brûlante encore que la première : *De l'origine et des fondements de l'inégalité parmi les hommes. Est-elle autorisée par la loi naturelle ?* Rousseau sentit sa verve se rallumer, et, décidé à concourir de nouveau, s'enfonça pendant huit jours, dans les profondeurs de la forêt de Saint-Germain, pour se livrer plus à son aise à la méditation. De même qu'il avait combattu les lettres en haine d'une société corrompue, il voulut, cette fois, attaquer les conditions sociales par mépris du gouvernement efféminé de son pays.

Pour arriver à son but, il ne recule devant aucun abus du raisonnement ; son discours est l'exaltation plus romanesque encore de la nature et la critique plus déraisonnable de la société ; c'est une guerre acharnée faite à la civilisation, aux lettres, aux sciences et aux mœurs ; c'est une attaque à la propriété, une sorte d'appel à la barbarie, c'est, en un mot, le délire du paradoxe. L'élan de Rousseau pour ce qu'il croit être la vertu est une espèce d'entraînement chevaleresque qui lui enlève le jugement et qui substitue une véhémente exaltation et un sombre enthousiasme à la raison. Il avait sévi, dans son premier discours, contre le progrès intellectuel, il sévit cette fois contre le progrès matériel.

Il commence par fouler aux pieds toute société et toute civilisation, et par vanter l'homme primitif qui vivait heureux, sans vices ni vertus morales, avec les avantages de l'état animal ; il considère ensuite les différents hasards qui ont pu perfectionner la raison humaine en détériorant l'espèce, et qui ont amené, d'un terme si éloigné, l'homme et le monde à l'état actuel. « Pourquoi, dit-il, les conditions humaines sont elles » inégales ? Parce que l'homme se développe, et c'est surtout » dans la société qu'il se développe... L'état de réflexion est un » état contre nature, et l'homme qui médite est un animal » dépravé... Eh ! quand vous ne penseriez pas, où serait le » mal ? L'imbécillité n'est pas un si grand malheur. » Il passe, dans la forme la plus conjecturale, de la recherche des lois primitives à la formation des gouvernements, et déplore tout l'établissement de l'ordre social ; il condamne aussi bien les fonctions et les distinctions que l'inégalité des fortunes ; il voit partout l'arbitraire, et se montre ainsi le défenseur du communisme et du socialisme au point de vue le plus excessif. Sa conclusion est celle-ci : « *Un espace immense sépare l'état* » *naturel de l'état civil ; l'âme et les passions humaines s'al-* » *tèrent insensiblement dans ce long passage. L'homme originel* » *s'évanouissant par degrés, la société n'offre plus qu'un assem-* » *blage d'hommes artificiels et de passions factices qui sont* » *l'ouvrage de toutes ces nouvelles relations et qui n'ont aucun* » *vrai fondement dans la nature. L'homme sauvage vit en lui-* » *même ; l'homme social ne sait vivre que dans l'opinion des* » *autres.* »

Dominé par sa pensée exclusive, Rousseau perd le sens pratique des choses ; il ne voit pas que l'état social est précisément l'état naturel pour l'humanité ; il exalte chimériquement un état sauvage où l'homme vivrait isolé de ses semblables, et son illusion l'entraîne à proscrire les arts, les sciences, la propriété et l'ordre social, quel qu'il puisse être. Dans ce travail, comme l'a fait observer Grimm, qui l'a impartialement apprécié, le système de Rousseau est déjà tout entier, le reste en découlera ; désormais, il cherchera toujours à ramener l'homme à une sorte d'âge d'or où il regrette que l'espèce humaine ne se soit pas arrêtée.

Ce Discours fut-il simplement un acte de témérité républicaine, un éclat de colère provoqué par la situation du pauvre vis-à-vis du riche, une protestation contre l'inégalité, par trop grande à cette époque, des biens et des faveurs? Fut-ce un moyen habile employé par Rousseau, de masquer, sous la forme d'une négation de toute société, la critique de la constitution sociale de son pays? Fut-ce un égarement naturel de son jugement ou le désir de sophistiquer? enfin, l'étrangeté et l'erreur de ses doctrines furent-elles le résultat de l'ivresse que donne l'enthousiasme? Personne ne peut l'affirmer : peut-être plusieurs de ces causes agirent-elles en même temps; il faut reconnaître, néanmoins, que Rousseau abrita quelques observations profondes derrière les dérèglements de sa pensée.

Cette fois, l'Académie de Dijon recula devant la hardiesse qu'elle avait montrée la première fois, et bien que le second Discours de Rousseau fût supérieur encore au précédent pour le style, elle décerna le prix à l'abbé Talbert, dont le triomphe resta obscur, tandis que l'insuccès de son concurrent fut éclatant et populaire jusque dans le beau monde. En résumé, le premier Discours peut être considéré, de la part de Rousseau, comme le manifeste, à ses yeux, de la réforme morale, et le second, comme le manifeste de la réforme politique; dans ces deux ouvrages, il a cherché, comme il cherchera toujours, à se faire le vengeur des vertus viriles.

Nous venons de voir Rousseau sur le terrain de la philosophie politique; nous avons remarqué le trouble et la vigueur de sa raison comme publiciste; il fait appel à la liberté, mais ses théories abstraites n'ont rien de pratique; il ébranle et démolit, mais il ne construit rien. C'est une philosophie toute spéculative, dont le sens intime se manifeste surtout par l'éloge pompeux qu'il fait de la Constitution républicaine dans la dédicace de son second Discours aux citoyens de Genève.

Comme en littérature, Rousseau, moraliste, s'inspire de Montaigne, qui a appuyé sa morale sur la raison, sans les lumières de la foi, et qui a considéré l'homme destitué de toute révélation; il s'en fait le disciple, quoiqu'il ait pour son caractère une faible estime.

Contrairement à la doctrine chrétienne, enseignant que l'humanité est disposée au mal par sa nature entachée du péché originel, Rousseau est convaincu que l'homme naît bon, qu'il possède en lui tout ce qu'il faut pour être vertueux, sans recourir au dogme de la rédemption ou de la grâce divine, et

que l'état social seul fait entrer le vice dans son cœur ; il vante
la vie sauvage comme un refuge à ce danger et soutient que
les actions ne doivent relever que de la voix de la raison et de
la conscience. Partant de là pour exalter l'état de nature, il
considère les tentatives humaines opérées pour régler l'homme
comme propres à le pervertir, et veut, enfin, que celui-ci ne
puise sa force qu'en lui-même.

S'il était nécessaire de combattre, ici, l'erreur de Rousseau
et de prouver que le vice, au contraire, est naturel à l'homme,
nous rappellerions les paroles de M. A. Nicolas, dans ses belles
études philosophiques sur le christianisme : « *Qu'est l'homme,*
» *pris dans son état naturel ? Nous le savons tous par un regard*
» *jeté sur nous-mêmes : c'est, dans ce qu'il a de moins mauvais, un*
» *être enclin au mal, à l'égoïsme, à la paresse, à l'orgueil, à la cu-*
» *pidité, à la sensualité, à la dureté, à la duplicité, à une in-*
» *croyable futilité. Ou il se laisse aller à ses penchants, et alors*
» *jusqu'à quel degré de perversité et d'abjection ne descend-il pas ?*
» *Ou il les contient à demi, et alors, épuisé par les efforts qu'il lui*
» *en coûte, il ne lui reste plus rien pour s'élever au bien.* »

Sans doute la conscience et la raison, dont Rousseau préco-
nise le témoignage, et que l'homme possède en soi, sont des
appréciateurs puissants de nos actions, mais, dans la voie du
bien et du mal, ils ne suffisent ni comme frein, ni comme
guides suprêmes. La vertu est le triomphe difficile sur le mauvais instinct qui est en nous, et Rousseau ne l'a jamais possédée ;
aussi, loin de jouir de cette santé de l'âme qui donne le calme
des sens et la paix de l'esprit, il est toujours agité par la passion.

Isolé au milieu du monde, il regarde le devoir, dont l'accomplissement ne lui a jamais procuré aucune jouissance, comme
un joug accablant pour les sentiments naturels ; il veut que
l'homme s'avance vers la vertu avec orgueil et indépendance ;
il ferme les yeux à cette vérité, c'est que l'homme ne trouve le
vrai bonheur que dans le respect de ce même devoir, et que,
si la société l'entoure d'entraves par suite des obligations de la
famille, de la patrie, des mœurs et des lois, elle le protège et
lui permet de donner un libre cours à ses affections.

Sa morale trop facile explique les innombrables fautes de sa
vie et les chutes continuelles de sa prétendue vertu aux prises

avec sa sensibilité dangereuse; néanmoins, et malgré les défauts de sa cuirasse, il vante avec enthousiasme cette vertu qu'il n'a pas, il prêche la sévérité des mœurs et la simplicité des goûts, il reste l'adversaire impitoyable des tendances épicuriennes du siècle.

Dans sa *Lettre* à d'Alembert *sur les spectacles* (1758), lettre qui, en définitive, est dirigée contre Voltaire et son théâtre, il attaque les mœurs du temps dans ce qu'elles ont de plus cher pour le jour : le théâtre, et continue ainsi son siège de la civilisation.

Tout d'abord on peut s'étonner de voir Rousseau proscrire le théâtre, lui, qui a fait des comédies, mais il lui importe peu d'être conséquent avec lui-même, quand il accomplit sa tâche de novateur.

Dans cet ouvrage, qui est un de ses plus beaux écrits, son austérité exagérée, ses injustices contre tout le monde, et en particulier contre Molière, se produisent encore à travers les paradoxes, mais il n'y montre pas cet orgueil irritable qui éclate dans ses autres livres de controverse. Il anime ses sentiments de réprobation, de l'esprit philosophique de l'antiquité, de la doctrine des Pères de l'Église et des pensées de Nicole. Selon lui, nous recherchons le théâtre pour éviter l'ennui qui résulte de la civilisation ; il ne se demande pas si le travail et les douceurs de la famille ne refouleraient pas mieux cet ennui que la solitude des forêts. Il reproche au théâtre d'exciter les passions en les représentant, observation qui n'est vraie qu'autant que l'élévation des caractères et la conduite de la scène ne protègent pas contre ce danger. Tout en admettant que l'amour est louable en soi quand il est réglé, il blâme l'ascendant que donne aux femmes dans la société le théâtre fatalement voué à l'amour, et il ne se préoccupe pas de savoir si, là encore, le mal ne se trouverait pas dans l'exagération des situations. Sans protester, d'une manière absolue, contre les théâtres, il ne veut pas qu'on les établisse dans les petites villes et dans les pays qui ont conservé des mœurs simples. Il termine en donnant la préférence sur le théâtre aux jeux guerriers, aux exercices gymnastiques et aux assemblées publiques des jeunes gens des deux sexes.

Il est certain que les compositions dramatiques ne suffisent

pas pour former les peuples, mais, si elles sont belles et morales, elles peuvent aussi bien faire le plaisir de leurs assemblées que l'honneur de la littérature. Le théâtre antique fut
païen, il est vrai, et celui de Rome représenta des scènes hor-
ribles, mais, au moyen âge, en France, il éleva sa moralité jusqu'à devenir chrétien, et, sous Louis XIV, il fut aussi épuré
que sublime.

A travers les exagérations contenues dans la lettre de Rousseau, il se dégage un souffle spiritualiste et réformateur qui
contraste singulièrement avec les mœurs amollies du siècle et
il ressort des vues droites et fortes. On sent, comme en tous ses
ouvrages de morale, que, s'il n'a pas eu le mérite de pratiquer
la vertu, ni d'enseigner les vrais moyens de l'acquérir, il en
parle avec trop d'exaltation pour ne pas en comprendre la
puissance.

L'étude de la philosophie morale de Rousseau nous conduit
principalement à l'*Emile* (1761-1762), sa plus grande œuvre
d'éloquence et de morale.

L'irritation de Rousseau contre la société devait naturellement le porter à refaire l'homme qui, selon lui, avait été vicié
par elle ; or, pour réformer l'homme, il fallait lui faire une
éducation nouvelle. L'occasion d'écrire un livre dans ce sens
fut déterminée par la demande d'un traité d'éducation qui lui
fut adressée par une mère.

Sans remonter jusqu'à Rabelais, Montaigne et Locke avaient
des idées analogues à celles de Rousseau sur l'éducation : tous
croyaient que la société du moyen âge avait fait fausse route
en concentrant dans les mains du clergé la puissance littéraire et l'opinion politique du temps ; que le moment était
venu de soustraire la jeunesse à l'influence ecclésiastique qui
avait été si longtemps exercée par les universités, puis par les
jésuites, leurs rivaux. L'occasion était particulièrement conve-
nable pour la réforme, car les jésuites venaient d'être sup-
primés, et, de toutes parts, les têtes fermentaient.

Rousseau avait donc eu plusieurs devanciers dans l'œuvre
spéciale qu'il allait entreprendre, mais celui qui agit sans
doute le plus sur lui fut Locke. L'éducation des enfants avait
été le sujet des longues méditations du célèbre médecin anglais,
il avait publié, sous forme de lettres, le résultat de son travail,

et une partie des idées brillamment émises par Rousseau avaient été modestement conseillées par lui.

Tous deux se montrent censeurs sévères des préjugés du temps, tous deux ont un esprit de réformation philosophique qui ne tient compte ni des traditions ni des usages, mais il y a entre eux cette différence, c'est que Locke, tout en voulant, comme Rousseau, que son élève apprenne un métier, et en choisissant, comme lui, son élève dans la classe aisée, est bien plus préoccupé que lui de l'élever pour la société telle qu'elle est. Du reste, tous deux cherchent dans l'éducation le moyen de faire des hommes et veulent donner la santé du corps, d'abord, à l'aide des exercices physiques, et celle de l'âme, ensuite, avec le secours d'une morale fondée sur l'observation et d'une science basée sur la connaissance des choses.

Malgré tout, si d'autres que Rousseau avaient eu l'honneur de provoquer d'utiles réformes sur l'éducation, c'était à lui qu'il appartenait de populariser ces réformes par la puissance de son style, car nul n'avait trouvé encore une pareille tendresse pour le sujet, ni une semblable éloquence pour le traiter.

En dehors des paradoxes et des appréciations erronées dont l'ouvrage abonde, l'*Emile* nous paraît encourir plusieurs reproches fondamentaux.

Tandis que Rousseau s'ingénie à rechercher les lois éternelles de la nature pour fonder sur elles la famille et le citoyen, il oublie de faire connaître tout d'abord à son élève Dieu et la religion, c'est-à-dire la source de toute éducation, de tout amour et de toutes vertus, et ce n'est que lorsque l'enfant sera devenu homme qu'il lui révélera le Créateur. Il cherche à expliquer ce retard apporté à la notion de Dieu par la crainte de parler à son élève de choses qu'il ne comprendrait pas ; mais ce motif n'a rien de sérieux, car la religion ne renferme pas que des questions d'une théologie difficile, et la vérité doit toujours être enseignée à l'enfant comme à l'homme, sauf, à chacun d'eux, à la saisir dans la proportion de sa raison. De plus, s'il est un signe divin dans le christianisme, c'est que sa doctrine, aussi simple qu'élevée, se prête à toutes les intelligences, et le Christ l'a exprimé avec une sublime candeur par ces mots : « *Sinite parvulos venire ad me.* »

Un autre défaut de l'ouvrage, c'est que Rousseau, persistant à repousser la société, et maintenant que l'homme naît bon, élève son *Émile,* non pas pour la société, mais contre elle ; il veut qu'il se développe librement et que *sa première éducation soit purement négative ;* il ne tient pas compte ainsi de la nature réelle et progressive de l'homme, qu'il sait cependant bien définir ailleurs. La conséquence de cette situation est facile à prévoir : l'enfant, toujours en opposition avec ses semblables, s'insurgera contre toutes les institutions sociales, il ne tiendra compte que de son intérêt personnel, il ne relèvera jamais que de lui-même, et, tandis que les enseignements qui lui font défaut sont aussi variés que ses besoins, il sera chargé d'inventer tout ce qu'il aura à apprendre, en science comme en devoir.

Enfin, un autre vice du livre, c'est que Rousseau, oubliant que le peuple pour lequel il écrit vit de son travail, et sous prétexte que le pauvre n'a pas besoin d'éducation, place son élève dans une société où la famille jouit de la fortune, c'est-à-dire dans une sphère exceptionnelle ; comme premier résultat de ce plan, l'ouvrage est un roman aux scènes arrangées, aux rôles distribués et aux situations artistement inventées ; comme second résultat, le livre ne traitant pas de l'éducation publique, n'est plus un ouvrage présentant une utilité pratique et générale. Il n'y a rien de vrai dans la raison alléguée par Rousseau de l'impossibilité de faire une éducation publique et commune, raison fondée sur ce que cette éducation n'existe plus et ne peut exister, parce qu'il n'y a plus ni patrie ni citoyens ; il méconnaît ici les besoins de la société moderne, et la confond avec la société antique, où l'éducation était la politique même et où l'enfant n'était élevé que pour devenir citoyen.

Signalons maintenant les beaux côtés de l'œuvre.

Malgré les défauts capitaux de l'*Émile,* de grandes considérations militent tout d'abord en faveur de ce livre. Rousseau détourne de la route de la légèreté, de la frivolité et de la corruption l'esprit de son siècle, pour le diriger dans le sens de la morale grave et sérieuse ; il ravive un précepte de sagesse tombé en oubli, quand il fait sentir la nécessité de l'éducation ; s'il imprime une direction fausse, il donne au moins une impulsion utile ; il enseigne, enfin, une haute vérité, c'est que l'éducation de l'homme ne s'arrête pas à son adolescence, mais qu'elle comprend toute la vie.

Rousseau décrit avec un grand talent les premiers instincts et les premiers besoins physiques de l'enfant; c'est avec une passion et une logique irrésistibles, puisées dans le sentiment, qu'il évoque l'amour maternel, qu'il recommande aux mères d'allaiter leurs enfants et qu'il reconstitue les bases de la famille. S'il répartit mal les sujets d'étude applicables au commencement de l'adolescence, il définit merveilleusement cet âge, et il introduit les aperçus les plus nouveaux et les plus touchants sur l'époque du développement moral de l'homme. Ses réflexions sur la nécessité des attachements, qui est à la fois le résultat de notre imperfection et le principe de notre bonheur, sont d'une incontestable beauté; il montre, avec un égal succès, les conséquences de la pureté des mœurs conservée jusqu'à une époque avancée de la jeunesse; puis, bien que tardivement, il arrive à l'apogée de son éloquence, quand il révèle le Créateur à son élève, en des pages étincelantes de poésie et inspirées par un lever de soleil dans les Alpes.

La *Profession de foi du Vicaire savoyard* étant tellement indépendante de l'ouvrage qu'on peut l'en séparer sans nuire à l'ensemble, nous l'analyserons plus loin, comme l'expression de la philosophie religieuse de l'auteur de l'*Émile*.

Après ce bel épisode, Rousseau achève son travail, en complétant l'éducation de son élève par celle de *Sophie*.

Mme de Maintenon avait écrit des lettres sur cette matière et Fénelon avait publié un *Traité de l'Éducation des filles*. Rousseau s'imprègne un peu de leurs tendances; comme eux, il préfère l'éducation de la famille pour les femmes à celle du couvent; comme eux, il veut que la femme soit appliquée aux soins domestiques et au travail; comme eux, il désire qu'elle connaisse le monde, mais il s'écarte, cependant, un peu d'eux sur ces derniers points : tandis que Mme de Maintenon et Fénelon recommandent le travail pour le calme et l'honnêteté qu'il procure, Rousseau le conseille pour l'agrément qu'il cause; tandis que les premiers voient pour la femme, dans l'épreuve du monde, un moyen d'arriver à la gravité douce et pure de la mère de famille, le dernier n'y voit qu'un moyen de plaire, une occasion de frivolité.

Rousseau caractérise avec une grande sagacité la différence des aptitudes entre l'homme et la femme, mais il réserve à celle-ci une éducation religieuse déplorable. Somme toute, et malgré quelques gracieux tableaux où elle figure, *Sophie* n'a pas, comme type, toute la délicatesse désirable ; il était réservé à Mme Necker de Saussure, dans la société moderne, de comprendre la double nature physique et morale de la femme et de porter l'éducation de celle-ci à sa véritable hauteur.

Voilà l'*Émile*, ouvrage qui, bien que resté inachevé, était regardé par Rousseau (avec le *Contrat social*, dont nous parlerons tout à l'heure, et qui fut écrit à la même époque), comme le principal et le plus utile de tous ses écrits, et que, dans leur enthousiasme, Mirabeau appelait un poème, et La Harpe un chef-d'œuvre. Sans partager cette exaltation pour un livre qui, par ses paradoxes et ses sophismes, blesse en plusieurs endroits les lois sacrées du bon sens, de la morale et de la religion, nous le considérons, au point de vue du style, comme une œuvre littéraire extrêmement remarquable, et au point de vue philosophique, comme un recueil précieux de pensées élevées, comme une sérieuse étude de la nature humaine et comme un vigoureux effort pour retenir sur le bord de l'abîme les grands principes de la vie morale que le dix-huitième siècle allait laisser s'y engloutir ; nous croyons, enfin, que ce fut un des ouvrages qui, en devançant la Révolution de 89, la préparèrent le mieux.

Passons à la philosophie religieuse de Rousseau.

Pour bien comprendre cette philosophie, il est nécessaire de se rappeler son organisation morale : génie passionné et plein de contradictions, il s'appuie sur la philosophie cartésienne pour s'élever à Dieu, dont il célèbre l'existence et la grandeur avec une incomparable éloquence, mais, comme ses convictions se rattachent surtout à son imagination, elles n'ont pas plus d'influence sur sa raison que sur sa conduite. Aussi, quand il a admis l'idée de Dieu, quand il a témoigné à la Divinité son respect et sa reconnaissance, il rejette les religions positives et les cultes, et s'en tient à ce qu'on a nommé la religion naturelle.

La *Profession de foi du Vicaire Savoyard*, que Saint-Marc Girardin appelle un *lieu commun sublime*, et qui a enfanté le

Jocelyn de Lamartine, résume la philosophie religieuse de l'auteur de l'*Emile* ; c'est, au point de vue d'une communion universelle, les meilleurs principes de morale et de sagesse qui soient sortis de sa plume, c'est la contemplation lyrique de la Divinité en face de l'humanité. En présence de cette éloquente manifestation de la pensée humaine, Voltaire, malgré son éloignement pour les fausses théories ordinaires de Rousseau, et même malgré son inimitié personnelle pour lui (1), s'écrie, en oubliant, un moment, les injures qu'il a reçues de lui et en lui ouvrant sa maison et son cœur : « *O Rousseau, tu écris comme*
» *un fou et tu agis comme un méchant, mais tu viens de parler*
» *comme un sage et comme un juste! Lisez, mes amis, et saluons*
» *la vérité et la morale partout où elles éclatent, même dans la*
» *méchanceté et dans la démence.* »

Quelqu'incomplet que soit ce travail comme programme de la foi, il est la plus ardente expression religieuse sortie d'une époque où la chaire chrétienne elle-même, veuve de Bossuet, de Massillon et de Bourdaloue, abandonnait les grands sujets pour prêcher sur des matières secondaires et presque mondaines, et où les contemporains étaient incrédules ou sceptiques ; c'est un retour sincère vers le spiritualisme.

Comme Socrate et Platon, Rousseau s'élève à la connaissance de Dieu par la considération de sa propre nature et par celle du monde extérieur ; il voit, en lui-même, l'auteur suprême de toutes choses et lui accorde comme attributs l'intelligence, la sagesse, la volonté, la puissance et la bonté.

Cette croyance en Dieu est le plus grand honneur de Rousseau et lui a inspiré, parmi les égarements de sa vie, de magnifiques élans de génie ; ici, il s'écrie : « *Plus je m'efforce de*
» *contempler son essence divine, moins je la conçois, mais elle est,*
» *cela me suffit ; moins je la conçois, plus je l'adore. Je m'humilie*
» *et lui dis : Être des êtres, je suis, parce que tu es, c'est m'élever*
» *à ma source que de te méditer sans cesse. Le plus digne usage de*

____

(1) Voltaire et Rousseau restèrent ennemis implacables. (Voir, à propos de cette inimitié : *Voltaire et J.-J. Rousseau*, par Maugras, Paris, 1886.) Ils eurent tous deux ce sort étrange que leurs restes fussent enterrés côte à côte au Panthéon, par décret de l'Assemblée nationale et de la Convention, et qu'ils fussent ensuite violés et jetés dehors pêle-mêle, en 1814.

» *ma raison est de s'anéantir devant toi : c'est mon ravissement*
» *d'esprit, c'est le charme de ma faiblesse de me sentir accablé de*
» *ta grandeur.* » Dans les *Confessions*, au milieu des délices des
Charmettes, il regarde aussi en haut et adresse, par les che-
mins, des prières jaculatoires à l'auteur de la nature.

Voltaire avait bien reconnu l'existence de Dieu, mais il s'était
arrêté là ; Rousseau croit l'âme immortelle et, par conséquent,
immatérielle ; il voit la preuve de son immortalité dans le
triomphe du méchant, l'oppression du juste en ce monde et
dans la justice et la bonté de Dieu, et il déserte le système
absurde de Locke qui a conçu la matière pensante. Il aurait pu
ajouter que l'immortalité de l'âme est aussi démontrée par la
croyance universelle du genre humain, confirmée par une voix
intérieure de la nature.

Il pense que le souvenir du bon ou du mauvais emploi de la
vie actuelle fera dans l'autre la félicité des bons et le tourment
des méchants, quand, délivrés des illusions des sens, nous
jouirons de la contemplation de l'Être suprême et des vérités
éternelles en lui ; il ne sait pas s'il y a d'autres sources de
bonheur et de peine, il ignore si les tourments des méchants
seront éternels, il a peine à le croire, mais il ne veut pas par
simple curiosité éclaircir de pareilles questions. Dans plusieurs
passages de sa *Correspondance,* il a consacré par une négation
absolue le doute qu'il émet ici, et il a rejeté un dogme que l'antiquité elle-même avait admis par la bouche de Platon (1).

Rousseau maintient la puissance de l'esprit sur le corps ; il
proclame que nos passions doivent être maîtrisées par la raison, et, comme Montaigne, il renvoie au témoignage de la
conscience l'homme qui veut savoir les règles à observer pour
remplir sur la terre sa destinée suivant la volonté du Créateur.

Après cette éloquente profession de foi, il a le malheur de
retomber dans les paradoxes, en s'inspirant des tendances des
nouvelles sectes protestantes ; de conseiller et de considérer
comme suffisante la religion naturelle, qui embrasse tous les
dogmes sincères et toutes les vertus, et de contester l'authen-
ticité de la tradition, de la révélation et des miracles. Cette
défaillance est d'autant plus regrettable que Rousseau, au mi-

(1) Voir dialogue de *Gorgias.*

lieu de son doute, parle de la religion chrétienne, et du Christ en particulier, avec un sentiment poétique qui n'a jamais été dépassé, et que c'est après avoir entrevu les splendeurs et la sainteté du christianisme et lui avoir accordé la supériorité sur la philosophie pour la pratique du bien, qu'il a la triste faiblesse de rester incrédule sur la lettre de ses divins dogmes.

Quelque choquants que soient les doutes et les hésitations qui se succèdent sous sa plume, nous nous faisons un devoir de citer, à propos de l'Évangile et du Christ, les éloquentes paroles qui s'échappent de son âme, quand elle est tout à coup éclairée par les lumières d'une suprême intelligence et d'une parfaite raison : « *Je vous avoue que la majesté des Écritures* » *m'étonne, la sainteté de l'Évangile parle à mon cœur. Voyez* » *les livres des Philosophes avec toute leur pompe : qu'ils sont* » *petits près de celui-là! Se peut-il qu'un livre à la fois si sublime et si simple soit l'ouvrage des hommes? Se peut-il que* » *celui dont il fait l'histoire ne soit qu'un homme lui-même? Est-ce* » *là le ton d'un enthousiaste ou d'un ambitieux sectaire? Quelle* » *douceur, quelle pureté dans ses mœurs! Quelle grâce touchante* » *dans ses instructions! Quelle élévation dans ses maximes! Quelle* » *profonde sagesse dans ses discours! Quelle présence d'esprit, quelle* » *finesse et quelle justesse dans ses réponses! Quel empire sur ses* » *passions! Où est l'homme, où est le sage qui sait agir, souffrir et* » *mourir sans ostentation? »... Où Jésus avait-il pris chez les siens* » *cette morale élevée et pure, dont lui seul a donné les leçons et* » *l'exemple? »... « Oui, si la vie et la mort de Socrate sont d'un* » *sage, la vie et la mort de Jésus sont d'un Dieu. Dirons-nous que* » *l'histoire de l'Évangile est inventée à plaisir? Mon ami, ce n'est* » *pas ainsi qu'on invente, et les faits de Socrate, dont personne ne* » *doute, sont moins attestés que ceux de Jésus-Christ. Au fond,* » *c'est reculer la difficulté sans la détruire; il serait plus inconce-* » *vable que plusieurs hommes d'accord eussent fabriqué ce livre,* » *qu'il ne l'est qu'un seul en ait fourni le sujet. Jamais des auteurs* » *juifs n'eussent trouvé ni ce ton, ni cette morale, et l'Évangile a* » *des caractères de vérité si grands, si frappants, si parfaitement* » *inimitables, que l'inventeur en serait plus étonnant que le héros.* »

La conviction de ces accents n'empêche pas Rousseau de reproduire les contradictions signalées en la philosophie religieuse de l'*Émile*, dans les *Lettres de la Montagne*, qui furent écrites par lui pour la défense de la *Profession de foi du Vicaire savoyard* et du *Contrat social;* là encore le philosophe de Genève abaisse et élève successivement Jésus-Christ ; il admire le christianisme, après avoir répudié, en tout ou en partie, ses dogmes, il fait à chaque instant naufrage, tant les eaux où il navigue sont pleines d'écueils.

Malgré ces taches, et en dépit des persécutions civiles et ecclésiastiques qui suivirent l'apparition de l'*Émile*, la *Profession de foi du Vicaire savoyard* est le plus beau travail philosophique du dix-huitième siècle et le plus grand pas fait vers la réaction religieuse. Tandis que les lettrés du jour rendent le siècle honteux de croire, Rousseau cherche, au contraire, à le rendre honteux de la routine de son incrédulité. S'il ne professe qu'un pur déisme, s'il ne fait appel qu'au témoignage insuffisant de la conscience, cette conscience, au moins, il l'invoque contre les mœurs et les institutions de son temps, et dans des termes où se produit le sentiment le plus élevé de la dignité humaine : « Conscience ! Conscience ! instinct divin, immor-
» telle et céleste voix ; guide assuré d'un être ignorant et borné,
» mais intelligent et libre ; juge infaillible du bien et du mal,
» qui rend l'homme semblable à Dieu ! c'est toi qui fais l'excel-
» lence de sa nature et la moralité de ses actions ; sans toi je
» ne sens rien en moi qui m'élève au-dessus des bêtes, que le
» triste privilège de m'égarer d'erreurs en erreurs à l'aide d'un
» entendement sans règle et d'une raison sans principe. »

Enfin, si dans sa philosophie religieuse, il se montre sophiste, il n'est du moins jamais railleur comme Voltaire, et cette philosophie est bien supérieure à nos yeux à sa métaphysique sociale dont nous avons à nous occuper.

III

Démocrate illibéral, plus soucieux encore du pouvoir du peuple que de la véritable liberté, Rousseau, en économie politique, est un des défenseurs ardents de l'État absolu et de la

doctrine qui méprise l'individu et asservit la liberté privée. Il a
puisé cette tendance dans l'antiquité grecque, où la puissance
de l'être collectif, appelé peuple, absorbait l'existence individuelle. Tout en se passionnant pour le monde grec, il ne l'a pas
bien compris, car il n'a pas remarqué que, si les philosophes
anciens exaltaient sans cesse la sagesse et la vertu, ce n'était
pas pour faire l'éloge de la société, telle qu'elle était constituée
de leur temps, mais pour chercher à organiser un gouvernement meilleur et pour limiter la souveraineté tumultueuse du
peuple, en lui opposant la souveraineté antérieure et calme de
la justice ; il n'a pas vu que l'exemple de la démocratie grecque,
même à l'état le plus glorieux, ne pouvait guère servir à nos
démocraties modernes ; enfin, il ne s'est pas aperçu que si,
dans la société antique, la liberté consistait dans la participa-
tion du peuple à la constitution du pouvoir social, le principe
de la liberté s'était agrandi dans la société moderne par une
condition nouvelle, c'est que chaque citoyen possédait et exerçait certains droits individuels qui dominaient le pouvoir social.

Son maître par excellence est Platon, dont il a les défauts et
les qualités : comme lui, il ne recule ni devant les utopies, ni
devant les paradoxes ; comme lui, il affecte et ébranle l'imagination ; comme lui, il communique le goût et le désir de la sagesse ; comme lui, enfin, s'il ne satisfait pas par ses systèmes,
il sait, par les émotions du beau, nous animer et nous fortifier
pour la recherche de la vérité.

Ses théories sociales, appuyées sur la logique, sont aussi
limitées qu'inflexibles et abstraites, et peut-être leur influence
n'en a-t-elle été que plus grande ; il ne reconnaît qu'une seule
souveraineté, c'est celle du peuple, il la tient pour toute-puis-
sante et juste, et n'admet pas qu'elle puisse être aliénée, par-
tagée, ni représentée ; son système est celui du pouvoir absolu
exercé par la multitude.

Rousseau ne s'attache pas qu'aux directions de Platon, il
subit dans son économie politique, comme il l'a subie dans son
Émile, l'influence de Plutarque, son auteur favori, qui, dans
ses *Œuvres morales*, avait traité des vertus domestiques, civiles
et sociales, et qui, pendant une longue existence, s'était efforcé
de régénérer une nation engourdie, en évoquant chez elle le

sentiment de la famille, celui de la religion et celui de la patrie, ces trois appuis de la société humaine.

Il s'inspire encore de Fénelon, cet esprit rêveur et religieux, qui, tandis que Bossuet travaillait à une espèce de monarchie théocratique, avait essayé — seul en son siècle — de réformer la religion et l'État. Il interroge aussi Sidney, ce défenseur des droits populaires et des anciennes libertés, et Locke, le grand préparateur de toutes les idées philosophiques et politiques du dix-huitième siècle, resté exempt des entraînements qui, plus tard, en compromirent le succès; enfin, il consulte Montesquieu, qui avait partagé l'idée fixe du jour, en remontant à l'origine des choses pour expliquer les institutions des peuples.

Le siècle de Rousseau était, par excellence, l'époque d'une réorganisation sociale; la société pratique déplaisait aux esprits, et, au risque d'aborder le radicalisme, de confondre des réalités avec des chimères, les esprits travaillaient à changer l'ordre des choses. Sur le terrain de la réorganisation sociale, tout est dangereux et difficile, les songes et les utopies ont été le partage des plus belles intelligences. Platon en a donné l'exemple à la Grèce; avec la prétention de conduire l'humanité à la perfection et de modifier l'œuvre du Créateur, il a fait de sa *République* un livre contre nature, où les deux assises de l'ordre : la propriété et la famille, sont à chaque instant renversées; et, quant à Fénelon, malgré l'aménité de son style et l'appui de ses convictions religieuses, en cherchant à populariser des idées impraticables, il a poétisé le paradoxe, et n'a écrit qu'une utopie dans son *Télémaque*. Sidney et Locke avaient eu la prudence au moins de chercher à légitimer la souveraineté populaire en équilibrant dans la nation les forces de résistance et de triomphe; enfin, Montesquieu, malgré tout son savoir, n'avait, dans l'*Esprit des lois*, composé qu'un traité de morale et de civilisation, où la théorie l'emportait sur la pratique.

C'est dans le *Contrat social* que Rousseau, qui avait commencé par établir et développer les éléments et les principes de la science économique dans son Discours sur l'*Économie politique* (1755), devait condenser la substance de sa politique, en essayant de corriger les principaux sophismes de son Discours sur l'*inégalité des conditions*.

Ainsi que Locke, dans son traité du *Gouvernement civil*, Rousseau admet l'existence d'un contrat primitif comme fondement de la société politique. Bien que la théorie en question ait une apparence de trace dans cette *alliance* qui fut comme la base de la constitution du peuple juif; bien que les Grecs y aient cru et qu'elle se retrouve dans Grotius et Hobbes; bien qu'il ne s'agisse pas nécessairement, aux yeux de ses partisans, d'une convention écrite ou verbale, mais d'un contrat idéal établissant ce qui aurait pu être réglé à l'origine par un arbitre suprême entre les peuples et les souverains, cette théorie n'est pas sérieuse et Montesquieu va jusqu'à la traiter de ridicule; en tout cas, Rousseau lui porte le dernier coup en semblant l'ériger en fait inconnu d'une histoire primitive et en donnant à une abstraction une apparence positive.

Avant d'arriver aux détails, suivons le développement du plan de Rousseau : il a combattu à outrance, dans ses divers écrits, les forces et les charmes de la vie sociale, pour exalter l'état de nature; il a décrit les ravissements de la passion de l'amour; dans l'*Émile*, il fait un cours d'éducation, et il proclame une religion naturelle; il va, dans son nouvel ouvrage, chercher à créer les institutions politiques, en affirmant la doctrine du pouvoir absolu de l'État.

L'auteur du *Contrat social* débute par cet axiome creux et sonore : « *l'homme est né libre et partout il est dans les fers!* » Qu'il s'agisse de l'homme naturel ou de l'homme social, le principe est également faux, car, dans l'état de nature, l'homme naît dans la dépendance absolue de tout ce qui l'entoure; plus tard, dans celle du premier venu qui sera plus fort que lui; et, dans l'état de société, il naît dépendant de cette même société qui l'a précédé. Jamais, et dans aucune condition, l'homme n'a été doué par le Créateur, de la liberté absolue; l'axiome de Rousseau, qui sert de base à son travail, a le tort irréparable d'exalter sans raison l'état de nature, et de protester contre les bienfaits de la sociabilité.

Son second axiome n'est pas plus heureux : « *Tant qu'un* » *peuple est contraint d'obéir et qu'il obéit, il fait bien; sitôt* » *qu'il peut secouer le joug et qu'il le secoue, il fait encore* » *mieux. Le droit de la société ne vient point de la nature.* » Rousseau met sur le même rang les lois morales et les lois immorales, l'autorité honnête et l'autorité despotique et coupable, il pousse à l'insurrection et conduit à l'anarchie.

« *La société la plus naturelle et la plus ancienne*, continue » Rousseau, *est celle de la famille* », mais il en comprend mal ici les devoirs et les liens : « *Sitôt que le besoin que les enfants* » *ont du père pour se conserver cesse, le lien naturel est dissous,* » *les enfants exempts de l'obéissance envers le père, le père exempt* » *des soins qu'il devait aux enfants, rentrent également dans l'in-* » *dépendance, etc.* » Il faudrait reprendre l'un après l'autre chaque membre de phrase pour anathématiser ce qu'il contient. Quoi ! les liens sacrés de la famille, la tendresse et la sollicitude toutes spiritualistes qui soudent la consanguinité entre les parents et les enfants disparaissent avec l'apaisement des besoins physiques ! Quelle déplorable profanation de l'une des plus belles œuvres de Dieu ! L'homme social n'est pas seulement individu, c'est un être collectif, qui se compose du père, de la mère et de l'enfant, cette trinité terrestre constitue la trinité humaine, ou la famille, dont la vie est persistante et indivisible.

Puisqu'aux yeux de Rousseau la permanence de la famille n'est qu'un fait de volonté, dès que l'urgence disparaît, quel sera le principe de toute sociabilité et de toute souveraineté ? Sera-ce la force ? non, car il conteste le droit à la force ; que sera-ce donc ? « *Ce seront les libres conventions inspirées par la* » *nécessité de s'associer pour vaincre les obstacles qui, dans l'état* » *de nature, nuisent à la conservation de l'homme.* » Voilà l'origine du contrat social formulée par Rousseau. Ainsi, la souveraineté (d'essence divine comme la sociabilité), ne serait fondée que pour la protection des intérêts physiques et matériels, et son origine s'expliquerait par des conventions préexistantes à tous les traités, l'effet viendrait avant la cause ! Non, le premier organisateur des sociétés politiques, c'est Dieu, qui les a établies par un contrat tacite et sans réalité, et ces sociétés ont non seulement pour objet la satisfaction des besoins physiques de l'homme, mais aussi la protection de l'âme humaine, que la civilisation viendra améliorer et développer.

La souveraineté puise son principe dans la nature, parce qu'elle émane de Dieu ; c'est Dieu qui a fait l'homme sociable et qui lui a inculqué le germe de toutes ses lois.

Puisque Rousseau — en se contredisant, il est vrai, — a reconnu dans l'*Émile* que l'homme était né sociable, ou du moins fait pour le devenir, comment organiser le contrat entre lui et la société? Il résout le problème qui se réduit à une seule clause : l'aliénation totale de chaque associé avec tous ses droits à toute la communauté, c'est-à-dire l'absorption complète du citoyen par l'État. Rousseau ne fait pas même d'exception pour les lois morales et sacrées de la conscience. Comme conséquence de son système, le pouvoir du souverain est exclusif : « *le souverain n'étant formé que des particuliers,* » *n'a, ni ne peut avoir d'intérêt contraire au leur.* » La même exagération est contenue dans cette dernière maxime, la même atteinte est portée aux droits imprescriptibles de l'humanité et à la diversité indestructible de l'individu ; la philosophie du dix-huitième siècle avait supprimé la personnalité de Dieu, ici on supprime la personnalité humaine. Quoi qu'il en soit, voilà le principe de la souveraineté du peuple, tel que le conçoit Rousseau, c'est-à-dire reposant sur la tyrannie absolue.

Rousseau devient communiste et socialiste à la manière de Platon, quand il touche à la question de la propriété ; la propriété, selon lui, est née de la société et peut être abrogée par elle. S'il en était ainsi, que deviendrait l'équilibre social ? Non, la propriété, la loi fondamentale par excellence, a, elle aussi, un caractère divin, car la vie entière de l'homme se compose d'une suite d'appropriations ; la propriété est la récompense du travail, le mobile de l'activité et le lien principal des attachements.

Un autre axiome anarchique ne tarde pas à se produire : « *Toute loi que le peuple en personne n'a pas sanctionnée est* » *nulle.* » Rousseau paraît avoir regretté sa témérité sur ce point, quand il dit dans ses considérations sur le gouvernement de Pologne : « *La loi de la nature ne permet pas que les lois* » *obligent quiconque n'y a pas voté personnellement, ou du* » *moins par ses représentants.* » Si les lois, qui sont dans une nation l'expression des mœurs et de la justice, n'étaient pas obéies, la société s'évanouirait bientôt.

Survient une énumération très détaillée des différentes formes de gouvernements, à travers laquelle on ne sait trop quelle est la meilleure aux yeux de Rousseau. Bien qu'il patronne la liberté et l'égalité, et qu'il semble prêcher l'aristocratie élective, on se rappelle, malgré soi, la réponse faite par **Platon** à son disciple qui lui demande lequel de tous les gouvernements convient au philosophe : « Aucun ». Ne voyant dans la création sociale qu'une œuvre d'art, Rousseau considère comme nécessaire, pour la formation ou la réformation d'une société, l'apparition d'un législateur unique, se disant envoyé du ciel. Ici, nous touchons au fantastique.

Dans le laborieux et confus catalogue qu'il a donné des gouvernements, on rencontre les maximes suivantes : « *La souve-* » *raineté ne peut être représentée, par la même raison qu'elle ne* » *peut être aliénée, parce qu'elle consiste dans la volonté géné-* » *rale, et que la volonté ne se représente pas.* » — « *A l'instant* » *où un peuple se donne des représentants, il n'est plus libre, il* » *n'existe plus.* » — « *Les citoyens étant égaux, nul n'a le droit* » *d'exiger qu'un autre fasse ce qu'il ne fait pas lui-même.* »

Poser ces principes, c'est fouler aux pieds toute réalité pratique, sous le coup de l'égarement démocratique.

Mais c'est quand Rousseau arrive à traiter la question de la religion civile, ou religion de l'État, que ses idées sont le plus regrettables. Sa conclusion est que l'État, attentant à l'inviolabilité des âmes, peut imposer, *sous peine de mort*, la religion politique. Il saisit cette occasion pour attaquer, à diverses reprises, la religion catholique, notamment l'un de ses dogmes (qui demande à être expliqué pour être compris) : « *hors de* » *l'Église, point de salut* », et réclame le bannissement contre ceux qui l'admettent. Enfin, sa triste théorie, poursuivie et développée dans les *Lettres de la Montagne*, le conduit à penser que Jésus-Christ, en établissant sur la terre un royaume spirituel, a fait cesser l'unité de l'État ; son fatal aveuglement l'empêche de voir que l'État trouve, au contraire, un appui dans la religion, et que l'Évangile, en prêchant l'indépendance de l'individu, n'affranchit pas l'homme de l'obligation des lois.

On ne peut pousser plus loin le despotisme revendiqué au profit de l'autorité souveraine, l'anéantissement de la conscience individuelle, la destruction de la liberté politique, civile et religieuse, et l'oubli des vrais intérêts de l'État (1).

---

(1) « De tous les procédés d'éducation auxquels puisse recourir la péda-

Tel est le *Contrat social*, ce livre que Rousseau a écrit comme
le code de la liberté et de l'égalité, livre où le principe divin
est malheureusement écarté, où la liberté gémit sous l'oppression, où la démocratie ne trouvera jamais des règles précises,
et où les tendances libérales de l'auteur, concentrées dans ses
sentiments intimes, désertent sa doctrine. Mais où sont les règles et les principes fixes au dix-huitième siècle? Ne voit-on
pas partout, à côté de la généreuse universalité des principes,
la maladroite application de la logique des idées pures au gouvernement des hommes?

Nous avouons, néanmoins, que si les théories sociales de
Rousseau sont sévèrement condamnables, quelques considérations peuvent être présentées, non pour les justifier, mais pour
en atténuer un peu la portée.

Après l'écroulement du monde féodal, l'État, sous Louis XIV,
s'était personnifié dans la royauté d'une façon si exclusive que
le prince avait pu dire : « *l'État, c'est moi* »; le dix-huitième
siècle, par une ardente réaction, cherchait à déplacer l'idée
de l'État pour la confondre avec l'idée du Peuple, et cette sé-
duisante perspective, en exaltant l'imagination de Rousseau,
l'entraîna peut-être, malgré lui, à donner au nouveau système
du pouvoir absolu un tour plus tyrannique et plus oppressif
encore que celui réalisé sous la monarchie.

Ajoutons ceci : Rousseau n'aimait pas les grands États, il
ne vante que les petits, et il s'avance dans cette voie jusqu'à
établir une relation entre la liberté d'un peuple et le nombre
des citoyens qui le composent; il est donc supposable qu'il
n'écrivit pas le *Contrat social* pour la France, autrement, il

---

» gogie », — dit excellemment M. Leroy-Beaulieu, dans son travail sur la
séparation de l'Église et de l'État (*Revue des Deux-Mondes* du 15 avril 1886),
— « on oublie que la religion est encore le plus simple et le mieux adapté
» à l'enfance, le plus pratique et le plus démocratique, car il est à la portée
» de tous, et l'on ne voit pas que, dans l'intérêt même de l'État, il doit
» rester à la portée de tous. On admet que l'État doit encourager tout ce
» qui assure l'ordre public, tout ce qui peut contribuer au progrès des
» mœurs; et l'on ne sait pas que, pour nombre d'esprits, les bonnes
» mœurs n'ont pas de meilleur garant que les idées religieuses, que l'Évan-
» gile et le christianisme. Libre à chacun de ne voir dans le prêtre, selon
» une expression de la Révolution, qu'un officier de morale; mais, pour
» combien de millions de Français de tout âge et de tout sexe, cet officier
» de morale ne vaut-il pas le gendarme ou le sergent de ville? »

n'eût pas dit : « *En général, le gouvernement démocratique con-* » *vient aux petits États, l'aristocratique aux médiocres, et le* » *monarchique aux grands.* » Aussi, fut-ce probablement à tort que la Convention et le Comité de Salut Public s'emparèrent de ses idées pour faire triompher en notre patrie le pouvoir absolu du peuple et qu'ils cherchèrent en lui l'inspirateur de la démocratie nationale.

En outre, en examinant attentivement le *Contrat social*, on arrive à découvrir en l'écrivain deux personnes distinctes : le philosophe et le publiciste; si le premier est tyrannique jusqu'à l'excès et s'il agite de chimériques systèmes, au nom d'une sorte de droit divin de la philosophie, le second laisse échapper parfois de sa plume des observations justes et profondes sur la nature des gouvernements et la vie des sociétés.

Enfin, bien que Rousseau ait sacrifié les droits de l'individu, il a maintenu l'égalité de tous les hommes et leur soumission à la loi, telle qu'il l'a comprise; bien qu'il ait mal défini la souveraineté populaire, il en a solennellement proclamé le principe, en dégageant cette souveraineté de droit du pouvoir de fait, et ses pensées, condensées dans un style dominant et précis, ont eu un profond retentissement dans l'immense travail de réorganisation sociale, accompli à la fin du siècle dernier.

Ses autres ouvrages d'économie politique (1) donnent lieu aux mêmes observations et peuvent être considérés, sous de nombreux rapports, comme les parties d'un même tout.

Quoi qu'il en soit, l'*Émile* et le *Contrat social* furent brûlés à Genève, sur la place publique, par ordre du Conseil (1762), puis à Paris et à Berne, et Rousseau fut banni de sa ville natale. Ces événements le portèrent à prendre l'engagement de ne plus écrire ; mais il rompit bientôt sa promesse pour se venger, en répondant aux *Lettres de la campagne,* du procureur général Tronchin, par les *Lettres de la montagne* (1764), véritable chefd'œuvre d'éloquence, mais où le sang-froid abandonne l'auteur dans sa vive et amère attaque du gouvernement de Genève, de ses pasteurs, de ses magistrats et de sa constitution. Ce nouvel

____

(1) *Discours sur l'Économie politique*(1755); *Extraits des ouvrages de l'abbé de Saint-Pierre* (1756 à 1761); *Lettres sur la législation des Corses* (1764) ; *Considérations sur le gouvernement de Pologne* (1772).

ouvrage fut également brûlé à La Haye et à Berne (1765), et, cette fois, Rousseau banni de Suisse et de France, et, avec une santé de plus en plus ébranlée, se mit à errer à travers le monde, sans y trouver d'asile et aux prises avec le sort le plus romanesque et le plus ballotté, presque jusqu'à sa mort (1).

IV

Bien que la musique soit étrangère aux lettres, on ne peut, quand il s'agit de Rousseau, oublier son rôle musical. Si ce terrain n'est pas celui de sa plus grande valeur, c'est, néanmoins, un de ceux où son génie a éclaté et où son influence s'est fait ressentir. Rousseau, en effet, était porté vers la musique par ses aptitudes naturelles ; il avait pour elle un goût ardent, auquel il sacrifia pendant toute sa vie ; aussi, a-t-il laissé d'assez nombreuses compositions musicales et a-t-il écrit sur la musique divers ouvrages, dont les uns sont spéciaux et dont les autres se rattachent à ses théories philosophiques.

L'auteur des *Confessions* raconte, avec une ravissante émotion, que ce goût lui fut inspiré, quand il était enfant, par une vieille tante appelée Suzon, qui chantait en brodant à sa fenêtre ; laissons-le parler lui-même :

« *Je suis persuadé que je lui dois le goût ou plutôt la passion*
» *pour la musique, qui ne s'est bien développé en moi que longtemps*
» *après. Elle savait une quantité prodigieuse d'airs et de chansons,*
» *qu'elle chantait avec un filet de voix fort douce. La sérénité d'âme*
» *de cette excellente fille éloignait d'elle et de tout ce qui l'environ-*
» *nait la rêverie et la tristesse. L'attrait que son chant avait sur*
» *moi fut tel que, non seulement plusieurs de ses chansons sont tou-*
» *jours restées dans ma mémoire, mais qu'il m'en revient même,*
» *aujourd'hui que je l'ai perdue, qui, totalement oubliées depuis*

(1) Il fut autorisé à rentrer à Paris en 1770. C'est pendant sa vie errante 1767 à 1770) qu'il termina ses *Confessions*.

» *mon enfance, se retracent à mesure que je vieillis, avec un*
» *charme que je ne puis exprimer. Dirait-on que moi, vieux rado-*
» *teur, rongé de soucis et de peines, je me surprends quelquefois*
» *à pleurer comme un enfant, en marmottant ces petits airs d'une*
» *voix déjà cassée et tremblante.* »

Rousseau se livrait avec enthousiasme à tous les travaux
d'agrément qu'il entreprenait : — quelle passion n'avait-il pas
consacrée au jeu d'échecs, à la géométrie, à la botanique, à
l'algèbre, à l'astronomie ! — Mais ce fut à l'étude de la musique
qu'il appliqua le plus d'ardeur ; elle exerçait sur lui une impression profonde, et bien qu'il l'ait cultivée sans maître et sans
véritable esprit de suite, il a excellé dans cet art, et y a laissé
un nom durable.

Avant de parler des œuvres musicales de Rousseau et de
l'influence qu'il exerça sur la musique de son temps, il est in-
dispensable de faire remarquer l'état de cet art, en France,
à cette époque. Le théâtre lyrique, dans la dernière partie du
dix-huitième siècle, était très recherché, mais depuis le siècle
précédent, la musique n'avait fait aucun progrès et se traînait
sur la routine : la mélodie faisait défaut, et partout on signa-
lait que le chant était lourd et sentait le vieux style. L'Opéra
passait pour si détestable, que Walpole écrivait, en 1739 : « Il
» est vrai qu'on va beaucoup à l'Opéra, trois fois par semaine,
» mais, pour moi, ce serait une plus rude pénitence que de
» manger maigre : leur musique ressemble autant à une tarte
» aux groseilles qu'à une harmonie quelconque... »

Dans l'ouvrage anglais, si précieux, de Burney, sur la Musique en France, à la même date, le célèbre voyageur, parlant
d'une représentation de *Zaïde*, à laquelle il assiste, à Paris, en
1770, et à propos de cette pièce, dont la première représentation remontait à 1739, et dans laquelle il ne trouve aucun intérêt
dramatique, pas plus que dans les œuvres de Rameau, s'ex-
prime ainsi : « Il est un peu étonnant que, depuis, on n'ait rien
» composé de mieux, ou dans un genre plus moderne. Le
» style de composition est totalement changé dans le reste
» de l'Europe ; les Français, cependant, quoique généralement
» accusés de plus de légèreté que leurs voisins, n'ont fait subir
» aucun changement à leur musique depuis trente ou qua-
» rante ans. On peut aller plus loin et dire hardiment qu'elle a

» fait peu de changements au Grand-Opéra, depuis Lulli, c'est-
» à-dire depuis cent ans. Enfin, et quoi qu'on ait fait plusieurs
» bons traités à ce sujet, la musique, en France, en ce qui
» concerne les deux points essentiels, *la mélodie et l'expres-*
» *sion*, peut être considérée comme étant encore dans son
» enfance. »

Rousseau tenta précisément d'introduire cette mélodie et de
réconcilier la musique avec la poésie qui, depuis longtemps
étaient séparées. En outre, chez les anciens, le poète et le
musicien étaient réunis dans une même personne, mais, chez
les modernes, l'alliance n'avait pas lieu, or, Rousseau fut l'auteur de la musique et des paroles du *Devin du village*. Aussi,
le vieux Fontenelle, charmé comme les autres par cet opéra,
en attribuait-il le succès à cette union, et prétendait-il qu'il n'y
aurait jamais de drame musical parfait ou intéressant, tant
que le poète et le musicien ne seraient point une seule et même
personne, comme chez les anciens.

Déjà le goût de la musique italienne commençait à se faire
sentir, et c'est ce goût que Rousseau défendit, comme un moyen
de rénovation. « Je remarquai, dit l'auteur que nous venons
» de citer, que les ouvertures et les morceaux de chant de la
» Comédie-Française et du Théâtre-Italien sont du style alle-
» mand ou italien. Les acteurs français commencent à être
» honteux de leur propre musique, partout, excepté au Grand-
» Opéra. Ce changement dans leur opinion semble être dû à
» la *Lettre de Rousseau sur la Musique française.* »

En effet, par cette Lettre (1753), Rousseau intervint dans la
lutte musicale engagée entre l'école française et l'école italienne, lutte dans laquelle, avec son génie un peu italien, il
soutint que la musique, se confondant avec la mélodie, et la
langue française étant incompatible avec toute mélodie, la
France ne pouvait avoir de musique.

Rousseau avait commis, là, sans doute, une exagération,
rendue sensible par la renommée de Rameau et de Lulli, et
par le triomphe rapproché de Gluck et de Grétry. Pour dé-
fendre son opinion, il écrivit son *Essai sur l'origine des langues
et sur le principe de la mélodie*, travail curieux et qui s'élève
parfois à la hauteur d'une étude philosophique ; il y suit le
développement progressif du langage depuis l'origine des

temps ; il y maintient, — en des termes trop absolus, tant son oreille était exigeante, — l'identité de la parole avec la musique, pour laquelle il se contente désormais d'accorder à la langue italienne la supériorité sur celle de son pays ; il s'apaise dans ses attaques contre la société, et sa tendance spiritualiste se produit dans une solennelle protestation contre l'école matérialiste, qui ne voit dans les beaux-arts que l'ébranlement physique de nos organes, au lieu d'y découvrir la représentation des affections de notre âme.

Pour compléter l'énumération des principaux travaux de Rousseau sur la théorie musicale, disons (sans parler de sa critique de l'*Alceste* italien, de Gluck, qui fait si bien ressortir l'élévation de ses idées dans la sphère musicale), qu'après avoir commencé par inventer un système, plus ingénieux que pratique, pour noter par chiffres l'échelle de la musique, il écrivit aussi sur l'art musical, pour l'*Encyclopédie*, divers articles qui lui furent demandés par Diderot, et qu'il composa un *Dictionnaire de musique* (1767), qui contient des appréciations si vraies que Castil-Blaze, dans son *Dictionnaire de musique moderne* (1821, 2 vol. in-8°), remplit encore les vides de son ouvrage avec des articles empruntés à ce livre.

Quand on arrive aux compositions musicales de Rousseau, il faut s'arrêter à la principale : le *Devin du village* (1752), opéra en un acte, aux mélodies simples et gracieuses, et aux paroles ingénues. La réussite complète de cet ouvrage, qui fut joué d'abord devant la cour, valut à l'auteur mieux que les applaudissements de Mme de Pompadour, car elle prépara sa popularité et sa puissance, et elle le plaça au premier rang parmi les auteurs dramatiques du jour. Cette pièce n'était guère, il est vrai, qu'une sorte d'idylle grecque, mais, à l'époque où elle parut, époque où tout était préparé dans la société pour une révolution complète, ce fut une transition, un progrès : cette musique, aux notes simples et aux vieux airs, qui s'élevait comme un souvenir des chants entendus dans l'enfance, protestait contre la tradition, dont Grétry et Rameau étaient les représentants ; elle était le prélude de tout un avenir nouveau.

Avant le *Devin du village*, Rousseau avait composé, dans le goût ancien, les *Muses galantes ;* il produisit, depuis, son *Pyg-*

malion (1775), à la Comédie-Française, pièce lyrique en un acte, dont la nouveauté fit sensation ; il a aussi laissé les fragments d'un opéra : *Daphnis et Chloé,* publié en 1780, et une collection d'environ cent romances et pièces détachées, auxquelles il avait donné le titre de : *Consolations des misères de ma vie* (Paris, 1781), toutes oubliées aujourd'hui.

Assurément, le mérite de Rousseau, comme musicien, ne serait pas d'un grand poids dans la balance où l'on pèserait l'illustre écrivain, mais une raison seule eût suffi pour nous faire insister sur ce côté de son génie, c'est la conviction que ses continuelles préoccupations musicales, — aussi bien près de sa tante Suzon, dans son enfance, qu'aux *Charmettes*, dans sa jeunesse, et dans toutes les phases de son âge mûr, — influèrent d'une manière suprême, sur l'incomparable mélodie de son style, et, par conséquent, sur ses destinées littéraires.

RÉSUMÉ

—

INFLUENCE DE ROUSSEAU

Nous venons de voir Rousseau sous toutes ses faces, es-
sayons maintenant, après avoir jeté un rapide coup d'œil sur
la société du temps, de résumer son influence, qui commença
par s'exercer sur le grand monde, et qui s'étendit, de là, sur
cette société entière.

Quand Rousseau parut, le génie du siècle de Louis XIV était
épuisé ; ce dernier siècle s'était peu préoccupé de l'homme
social, ni de l'économie des sociétés, il s'était plutôt attaché
au perfectionnement de la nature morale de l'homme. Le siècle
nouveau travaille à combler cette lacune, même en risquant
les plus grandes erreurs, et à faire de l'état social un milieu
plus agréable à l'homme. Les deux principaux sujets du jour
sont le plaisir et l'humanité. Les écrivains deviennent tout-
puissants dans la société ; néanmoins, dans la première partie
du siècle, ils s'attachent plus particulièrement aux lettres, et
dans la seconde, à la philosophie et à l'économie politique.
Cette société veut à tout prix se dégager du passé, et, à chaque
instant, on en sape les institutions et les bases. L'esprit français fermente, sans aucun plan, et devient indépendant, enjoué,
railleur et incrédule, au point de se livrer au matérialisme et
de ne faire appel qu'à la raison. Avec de pareilles tendances,
les liens de la famille se relâchent ; le sens moral s'affaiblit ;

l'esprit l'emporte sur le cœur; la tolérance est portée à de telles limites que la cour va applaudir aux saillies de Beaumarchais contre la noblesse, et que Voltaire dédie sa tragédie si audacieuse de *Mahomet ou le Fanatisme* (1741), au pape Benoît XIV, grand ami des lettres, qui envoie au poète ses remerciements affectueux et sa bénédiction; la volupté devient raffinée; le sensualisme triomphe; on attend tout de l'avenir.

Comme les hommes de lettres qui dirigent la société se fondent en elle, celle-ci poursuit, comme eux, l'égalité des rangs; l'esprit de sociabilité se développe; les lieux de réunion, de conversation et de plaisir sont recherchés : salons, cafés, théâtres, bals masqués, maisons de jeu font fureur. Quant aux gentilshommes, ils abritent leur libertinage dans les *petites maisons*, cachées dans les jardins des faubourgs.

D'un autre côté, les événements extérieurs sont nuls; la royauté, endormie dans la luxure, a perdu tout prestige; une puissance nouvelle dirige tout : l'opinion.

Ce fut Rousseau qui apporta le germe, devenu nécessaire, des nouvelles idées et des nouveaux sentiments; ce fut lui, qui, novateur hardi, s'empara de l'avenir, qui rajeunit la littérature, et qui, avec un accent inspiré, quoiqu'avec une parole souvent contradictoire, exalta Dieu, la morale, la nature, la conscience et la liberté. Aussitôt, la France, saisie d'un enthousiasme qui tient du délire, se précipite vers lui, l'admire et l'adopte malgré ses paradoxes et ses violences; elle voit en lui son littérateur, son moraliste, son philosophe, son législateur et son prophète. Rousseau a beau répandre pendant trente ans, sous toutes les formes, les idées les plus fausses, accolées à quelques idées vraies, les thèses les plus dangereuses, unies à des maximes en partie saines, le pays est enivré et frissonne à la lecture d'un style qui n'avait pas été parlé depuis l'antiquité grecque.

Tandis que Voltaire regorge de fortune et d'honneurs; tandis que les autres écrivains recherchent les faveurs du jour, et vont jusqu'à solliciter l'honneur d'être reçus dans le boudoir de la maîtresse du roi; tandis que la société française, toute de plaisirs et de théories, prend ses ébats au milieu des coteries et des salons, Rousseau, pauvre et simple copiste de musique, représente le peuple, dont il porte la livrée; bien qu'il déteste ses semblables, il travaille pour eux ; bien qu'il proteste contre les lettres et la philosophie, il est lettré et philosophe ; aussi, les écrivains eux-mêmes s'inclinent-ils devant lui.

L'immoralité de sa conduite et les paroles cyniques qui lui échappent n'étonnent pas ses contemporains, car ces défauts ne lui sont pas personnels, et l'on peut se demander quel sens on donne alors au mot vertu. Quant à la morale qu'il enseigne, sa voix, toute nouvelle, est entendue ; il fait comprendre à cette société dissolue les sentiments élevés du cœur, la puissance de la méditation et les ressources de la conscience ; il imprime aux esprits et aux mœurs, avec une doctrine pleine d'erreurs, une secousse dont nous nous ressentons encore aujourd'hui ; il fortifie les liens de la famille et il met en lumière les bienfaits de l'éducation ; ce n'est pas tout : il exalte le culte de la simplicité, l'amour de la nature, les charmes de la campagne, les délices de la rêverie, les magnificences de la création, n'est-ce pas là, en effet, essentiellement pour l'homme le bonheur réalisable par le seul fait de sa volonté ?

En littérature, théâtre de sa plus grande gloire, il oppose la nature au faux, au maniéré et aux raffinements qui, autour de lui, ont envahi les lettres et les arts ; il apporte le sentiment et l'âme, et sur un clavier magique il fait résonner les gammes de son admirable style. Ce n'est plus simplement la langue pure, courante et facile du dix-septième siècle, c'est un langage créé pour l'expression d'idées, d'émotions et de sentiments qui n'avaient pas été encore définis. Sous lui se forme la brillante école qui compte dans ses rangs Bernardin de Saint-Pierre, Gœthe, André Chénier, Chateaubriand, Byron, Lamartine, Sainte-Beuve, George Sand, Alfred de Musset, et il n'est pas même jusqu'au fougueux Mirabeau, avec sa colère et son génie, jusqu'à Lamennais, avec sa logique hardie et tranchante, et peut-être même jusqu'à Lacordaire, avec sa tendresse éloquente, qui n'aient subi son influence littéraire.

En philosophie, Rousseau inaugure l'enthousiasme pour la recherche de la vérité ; l'impiété de Voltaire et le matérialisme des Encyclopédistes sont refoulés par le spiritualisme et par un déisme presque chrétien ; la pression qu'il exerce est si grande que l'écrivain de Ferney, en attaquant ouvertement ses idées, est invinciblement entraîné vers ses principales maximes, et que, dans le groupe encyclopédiste, on renchérit sur l'athéisme de la veille par esprit de réaction. Ce n'était pas assez, sans doute, et il est profondément regrettable que la religion de Rousseau fût sans culte, comme sa vertu était sans pratique, mais c'était assurément beaucoup pour un temps où l'hypocrisie prêchait officiellement la morale, où les ministres de la foi, appuyés sur l'odieuse ordonnance de 1724, sévissaient cruellement contre les derniers restes des jansénistes et contre les protestants (1), où le gouvernement était déshonoré par une dynastie de favorites, où la débauche et le vice s'affichaient sous toutes les formes, où un sensualisme effréné succédait aux orgies de la Régence, où, de tous les côtés, s'étalaient ces audaces libertines qui devaient être bientôt couvertes de sang et de larmes!

En économie politique, malgré les erreurs déplorables de sa doctrine, Rousseau proclame le principe de liberté, d'égalité et de souveraineté pour les peuples ; il évoque au grand jour les institutions humaines et dénonce les désordres et les abus de la société contemporaine ; on restreint, on fausse ou on exagère ses idées, mais on les subit. L'éloquence de la tribune va s'inspirer bientôt de ses pages de polémique, où l'on entrevoit le geste de l'orateur derrière la période accentuée de l'auteur, et sa littérature va façonner les discussions politiques ; il deviendra bientôt l'idole de la Révolution et son *Contrat social* sera l'évangile des révolutionnaires ; aussi, peut-il être affirmé que, bien que sa mort ait précédé l'ouverture des États-Généraux, c'est lui qui a le plus contribué à amener la réforme politique et sociale sollicitée par le pays entier et à faire admettre la souveraineté nationale, base de notre constitution et principe le plus entré dans la réalité des faits.

Non seulement, en économie politique, comme en philosophie, ses paradoxes, défendus par lui avec d'autant plus de talent, d'intérêt et de chaleur, qu'ils représentent ses idées personnelles, sont accueillis par la société avec un attrait

---

(1) Voir, pour les persécutions exercées contre les protestants : *Histoire de la Restauration du protestantisme en France, au dix-huitième siècle*, par Edmond Hughes (1872), ouvrage couronné par l'Académie française.

Ce ne fut qu'en 1787 que, sur la réclamation d'un membre du Parlement de Paris, Louis XVI rendit un édit pour accorder aux protestants l'état civil dont ils étaient privés depuis la révocation de l'Édit de Nantes.

électrique, mais encore cette société tout entière est ébranlée à son contact et modifie tout à coup ses usages et ses tendances, et les persécutions dirigées contre lui, à l'occasion de son *Émile* et de son *Contrat social*, ne font que développer sa popularité.

Dans les habitudes de la vie, le costume devient simple; les étoffes unies, les couleurs sérieuses sont adoptées par les deux sexes; on revient au genre modeste prôné par le nouveau venu; on s'attache aux arts manuels; on met le sentiment avant la fortune dans les considérations conjugales; l'influence est si puissante que Louis XVI emploie ses loisirs à des travaux de serrurerie, que les grandes dames se font nourrices en restant femmes du monde, et que, par exagération, bon nombre de bourgeois, et même de nobles, vont jusqu'à se mésallier et recherchent une Thérèse!

Dans les beaux-arts, tout devient simple et sévère; les formes et les dessins bizarres sont écartés et remplacés par la grâce sentimentale et spirituelle; l'opéra-comique, d'origine et d'intention toutes françaises, apparaît; la mélodie est recherchée et s'inspire, sans intention servile, du génie italien et allemand; la peinture historique renaît avec éclat; la tragédie a des accents patriotiques.

Disons-le, en terminant, bien que Rousseau appartienne à une autre époque, bien qu'on ne partage pas ses idées, il inspire toujours, comme il inspirait à sa mort (1), la plus vive sympathie; on s'attache à lui, parce qu'on le regarde comme un allié, comme un de ces puissants ouvriers qui ont travaillé à détruire une société pleine d'abus et qui ont préparé la construction du magnifique édifice social qui nous abrite; comme un des plus hardis lutteurs de ce dix-huitième siècle, qui — « quoiqu'il ait malheureusement plus détruit que » fondé » — (a dit Villemain, qui l'a le mieux apprécié), « a » laissé partout des traces durables, et dont les idées, les opi- » nions, les espérances, en partie corrigées, en partie réalisées, » forment le fonds principal de la société présente. » Souvent,

____

(1) Si, par le plus insignifiant détail, nous voulions faire ressortir cette sympathie chez ses contemporains, nous rappellerions qu'après sa mort, une de ses vestes fut vendue 950 francs, et sa montre en cuivre, 500 francs.

vraiment fou, mais parfois, fou sublime, si les fautes de la vie privée de Rousseau doivent être à jamais flétries, ses théories erronées viennent du mécontentement causé par le tableau social qu'il avait sous les yeux, et demandent bien plutôt à être expliquées que réfutées ; il a voulu remonter à la vérité absolue, et, pour cela, il a cherché l'homme, non pas dans la nature humaine, mais dans un type d'imagination, et il lui a fait une société et des lois en dehors du monde réel et possible. Soyons donc indulgents pour les égarements de son jugement, et réservons, avec l'éminent auteur de la *Littérature au dix-huitième siècle :* justice et pitié pour son génie !

TABLE

DU MÊME AUTEUR

Réformes à apporter à l'Institution notariale, brochure (1846).

Lueurs du Soir, poésies, 1 vol. (1856).

Histoire d'Ancenis et de ses Barons, 1 vol. in-8° (1860), dont une seconde édition augmentée a paru en 1881.

Le Sorcier, nouvelle (1862).

La Monographie d'Oudon, brochure (1863), dont une seconde édition augmentée a paru en 1882.

Le Coteau de la Madeleine ou la Monographie de Varades, brochure (1864).

Souvenir du Bourg de Batz, roman, 1 vol. (1865).

Étude sommaire de la Littérature française, 1 vol. in-8° (1870).

Un Gentilhomme de la Régence, comédie en vers en quatre actes (1876), jouée à Paris, au troisième Théâtre-Français, sous le titre de *Marie de Prébère,* en 1877.

Ancenis pendant la Révolution, 1 vol in-8° (1880).

Souvenirs d'un vieil Ami, 1 vol. in-8° (1882).

Notice biographique sur M. Waldeck-Rousseau, ancien ministre, brochure (1882).

Pierre ou l'Hospitalisation en France, drame en trois actes avec prologue (1884).

Paris, imp. de G. Balitout et Cᵉ, 7, rue Baillif.